ああ「正負《セイフ》の法則《ホウソク》」

美輪明宏

PARCO出版

ああ正負《せいふ》の法則《ほうそく》

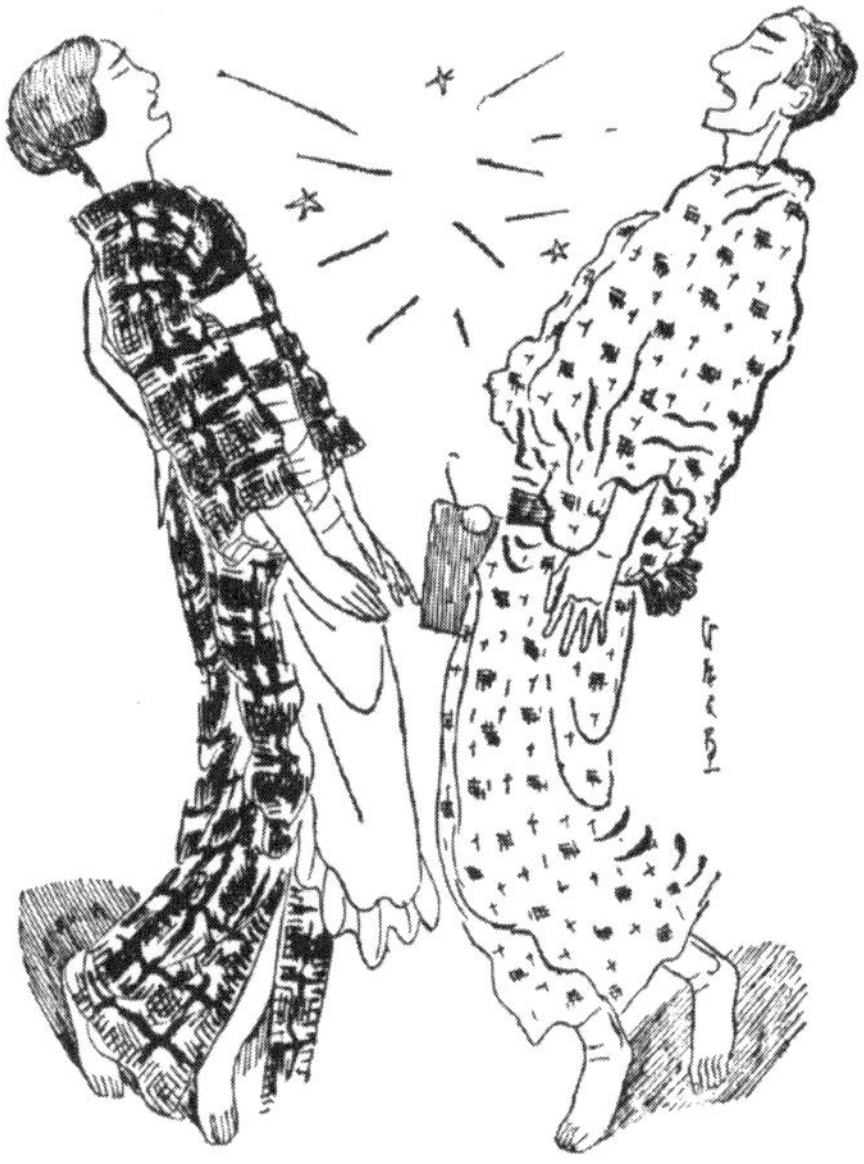

序文《じょぶん》

この本《ほん》は、地球大学《ちきゅうだいがく》つまり人生《じんせい》のカンニングペーパーです。アンチョコです。人間《にんげん》の〈心《こころ》〉〈精神《せいしん》〉〈魂《たましい》〉の、〈修業《しゅぎょう》〉〈修練《しゅうれん》〉〈試験場《しけんじょう》〉である、この地球《ちきゅう》学校《がっこう》の、定期的《ていきてき》に行《おこな》われる試験問題《しけんもんだい》の答案《とうあん》の早見表《はやみひょう》です。

〝郷《ごう》に入《い》らば郷《ごう》に従《したが》え〟と地球上《ちきゅうじょう》のあらゆる国々《くにぐに》にはそれぞれ異《こと》なる法律《ほうりつ》があるように、この地球自身《ちきゅうじしん》にも他《ほか》の星《ほし》と違《ちが》った法律《ほうりつ》があります。これはもう、どうにもこうにも動《うご》かし難《がた》い厳然《げんぜん》たる法則《ほうそく》に基《もと》づいたものです。

実《じつ》はこの広大無辺《こうだいむへん》の宇宙《うちゅう》の中《なか》で、地球《ちきゅう》だけが、陰《いん》と陽《よう》、−《マイナス》と＋《プラス》、負《ふ》と正《せい》、等々《などなど》という相反《あいはん》する二《ふた》つのもので成《な》り立《た》っているのです。それを一口《ひとくち》にいいますと、**正負《せいふ》の法則《ほうそく》**とでも名付《なづ》けましょうか、これが地球上《ちきゅうじょう》のあらゆる難問《なんもん》を解《と》くキーワード〈答《こた》え〉なのです。

ですから、人生大学《じんせいだいがく》の諸々《もろもろ》の難問題《なんもんだい》にぶつかった時《とき》に、試験官《しけんかん》（神様《かみさま》）の眼《め》を盗《ぬす》んで、この参考書《さんこうしょ》をソッと開《ひら》いて見《み》ると、そこにはちゃんと納得《なっとく》できる正《ただ》しい答《こた》えが書《か》いてあります。

ですからこの本《ほん》は神様《かみさま》に内緒《ないしょ》で出版《しゅっぱん》しました。では頁《ページ》をめくってアンチョコを御覧下《ごらんくだ》さい。人生《じんせい》の難問題《なんもんだい》の度《たび》にチョコチョコとアンサーを見《み》るならば、必《かなら》ず人生大学《じんせいだいがく》を百点満点《ひゃくてんまんてん》、優秀《ゆうしゅう》なる成績《せいせき》で卒業《そつぎょう》できるでありましょう。

でも、あのう、くどいようですが、くれぐれも神様《かみさま》にはナイショですよ。バレると廊下《ろうか》に佇《た》たされますからね。貴方《あなた》も私《わたし》も。

ああ正負の法則　目次

男《おとこ》としての大《おお》きな〈負《ふ》〉
他人《たにん》の〈負《ふ》〉は見《み》た目《め》ではわからない
税金《ぜいきん》の納税額《のうぜいがく》で人《ひと》をうらやむな
人間《にんげん》は、必《かなら》ず平等《びょうどう》にツケを払《はら》わなければならない
〈負《ふ》〉がすべてマイナスの要因《よういん》ではない
〈負《ふ》〉とともに生《い》きる知恵《ちえ》
施餓鬼供養《せがきくよう》の意味《いみ》

第二章《だいにしょう》　私《わたし》の《正負《せいふ》の法則《ほうそく》》

戦前《せんぜん》の生活《せいかつ》
人生《じんせい》の裏街道《うらかいどう》を見《み》ながら
父母《ふぼ》の言葉《ことば》

自分《じぶん》を振《ふ》り返《かえ》ること
〈すべて平等《びょうどう》〉は不平等《ふびょうどう》
努力《どりょく》をしなければ現在《げんざい》はない
待《ま》っているだけではダメ

第三章《だいさんしょう》《正負《せいふ》の法則《ほうそく》》を生活《せいかつ》に活《い》かす

◆商売上《しょうばいじょう》のこと
結果《けっか》までのプロセスが大事《だいじ》／〝じっと手《て》を見《み》る〟ではいけない／売《う》れないものを作《つく》っても誰《だれ》も買《か》わない
自業自得《じごうじとく》／まず、企業努力《きぎょうどりょく》をすること／我慢《がまん》するからお給料《きゅうりょう》がもらえる／怠《なま》け者《もの》の時代《じだい》／一億総怠《いちおくそうなま》け者《もの》

◆食生活《しょくせいかつ》は人間《にんげん》の基本《きほん》
怠《なま》けのツケは体《からだ》にも来《く》る／自分《じぶん》が自分《じぶん》に祟《たた》る／すべては食生活《しょくせいかつ》から／口《くち》から毒《どく》を入《い》れれば病気《びょうき》になる

美女《びじょ》たちの宿命《しゅくめい》

女優《じょゆう》たちの〈正《せい》〉と〈負《ふ》〉

永遠《えいえん》の魅力《みりょく》と引《ひ》き換《か》えに

ダイアナ妃《ひ》とエリザベート王妃《おうひ》

それぞれに〈負《ふ》〉を抱《かか》えて

芸術家《げいじゅつか》の宿命《しゅくめい》

モーツァルト、ベートーベン、ゴッホ

聖者《せいじゃ》たち

夭折《ようせつ》の天才《てんさい》たち

美《うつく》しい男女《だんじょ》は若死《わかじ》に

盈《み》つれば虧《か》くる

江戸川乱歩《えどがわらんぽ》の偉業《いぎょう》

幸田文《こうだあや》さんのこと

第五章《だいごしょう》　登《のぼ》りつめたら下《くだ》るだけ

栄枯盛衰《えいこせいすい》は世《よ》の常《つね》、盛者必衰《じょうしゃひっすい》の理《ことわり》あり

ジュリアス・シーザーの頃《ころ》から

豊臣秀吉《とよとみひでよし》の場合《ばあい》

徳川家康《とくがわいえやす》の場合《ばあい》

織田信長《おだのぶなが》の場合《ばあい》

〈腹六分《はらろくぶ》〉の人生《じんせい》

どんな人生《じんせい》にも〈負《ふ》〉はある

平家《へいけ》と源氏《げんじ》

〈負《ふ》〉の支払《しはら》いを拒《こば》んだ千《せんの》 利休《りきゅう》

生《い》きたいように生《い》きたなら

究 極《きゅうきょく》の性愛《せいあい》のツケ

装丁・本文レイアウト
坂井智明（ブランシック）
入江あづさ（ブランシック）
中島健作（ブランシック）

はじめに

《正負《せいふ》の法則《ほうそく》》は地球《ちきゅう》そのもの

この地球《ちきゅう》の出来事《できごと》はすべて〈正《せい》〉と〈負《ふ》〉によっているのです。

たとえば、

〈昼《ひる》〉と〈夜《よる》〉
〈日向《ひなた》〉と〈蔭《かげ》〉
〈陰《いん》〉と〈陽《よう》〉
〈北《きた》〉と〈南《みなみ》〉
〈男《おとこ》〉と〈女《おんな》〉
〈天使《てんし》〉と〈悪魔《あくま》〉

あげてゆくと、きりがありません。

地球《ちきゅう》が全部《ぜんぶ》南《みなみ》だけで、暖《あたた》かいだけだったら、これは〈正《せい》〉だけでしょう。月《つき》のように冷《つめ》たかったら、〈負《ふ》〉だけでしょう。しかし、地球《ちきゅう》というのは何《なに》から何《なに》まで〈光《ひかり》〉と〈影《かげ》〉なのです。

雨《あめ》の日《ひ》があれば、必《かなら》ず晴《は》れの日《ひ》が来《き》ます。火星《かせい》のように晴《は》れっぱなしでもありませんし、水《みず》だらけというわけでもない。陸地《りくち》があれば海《うみ》がある。苦《くる》しみがあれば喜《よろこ》びがあるのです。

《正負《せいふ》の法則《ほうそく》》というのはこの地球《ちきゅう》の法則《ほうそく》なのです。

天界族《てんかいぞく》と魔界族《まかいぞく》

地球《ちきゅう》は魔界《まかい》と天界《てんかい》の境界線《きょうかいせん》に浮《う》いている場所《ばしょ》で、両方《りょうほう》が縄張《なわば》り争《あらそ》いをしている場所《ばしょ》なのです。

この《正負《せいふ》の法則《ほうそく》》に反《はん》して、〈正《せい》〉ばかりになったら、それは天界《てんかい》の法則《ほうそく》で、地球《ちきゅう》の法則《ほうそく》に反《はん》するのでこの世《よ》にいられなくなるし、〈負《ふ》〉ばかりで悪《わる》いところばかりだと、今度《こんど》は魔界《まかい》から呼《よ》ばれるのです。地球上《ちきゅうじょう》でずっと長生《ながい》きしていたければ、魔界《まかい》の〈負《ふ》〉の部分《ぶぶん》と、天界《てんかい》の〈正《せい》〉の部分《ぶぶん》を上手《じょうず》に、自分自身《じぶんじしん》で納得《なっとく》をして、その両方《りょうほう》のバランスをとりながらそれを保《たも》ち続《つづ》ける、それがこの地球《ちきゅう》上《じょう》で長生《ながい》きできる方法《ほうほう》なのです。

だから、人《ひと》を見《み》たときに、魔界族《まかいぞく》と天界族《てんかいぞく》とを瞬時《しゅんじ》に見分《みわ》けるようにするとよいでしょう。そうすると魔界族《まかいぞく》に対《たい》して嘆《なげ》いたり腹《はら》を立《た》てずにすみます。「これは魔界《まかい》から来《き》ているんだ。だから、こういう人《ひと》なんだ」と思《おも》えますから。自分《じぶん》と同《おな》じ種族《しゅぞく》の人間《にんげん》だと思《おも》うから腹《はら》が立《た》つのです。裏切《うらぎ》られたと思《おも》ったり、「なんてやつだ」と思《おも》ったり、そういうことが出《で》てくるでしょう。「なんてやつだ」ではなく魔界族《まかいぞく》なのです。初《はじ》めから「なんてやつ」なんですから、それならば腹《はら》も立《た》たない。「これは魔界族《まかいぞく》から来《き》ているんだから、天界族《てんかいぞく》じゃないんだから、自分《じぶん》たちとは違《ちが》う種族《しゅぞく》なんだ」ということで、あっさりと割《わ》り切《き》れば腹《はら》も立《た》ちません。信用《しんよう》したり期待《きたい》したりしなければ裏切《うらぎ》られることもないのです。それを頭《あたま》に入《い》れておくと、意外《いがい》と対人関係《たいじんかんけい》は楽《らく》になります。そして、これは魔界族《まかいぞく》だな、ということがわかっているから、冷静《れいせい》に対処《たいしょ》して、初《はじ》めから近《ちか》づかないか、つき合《あ》っても距離《きょり》をおいておくから簡単《かんたん》にそばを離《はな》れることができるのです。

これは嫁姑《よめしゅうとめ》の家庭問題《かていもんだい》から、職場《しょくば》での対人関係《たいじんかんけい》の諸問題《しょもんだい》の時《とき》にも、政財官界《せいざいかんかい》の連中《れんちゅう》を見分《みわ》ける時《とき》にも、恋愛《れんあい》の時《とき》にもすべて当《あ》てはまります。

世《よ》の中《なか》には、骨《ほね》の髄《ずい》まで〈悪《あく》〉で出来《でき》ている人《ひと》がいるのです。マスコミを悪事《あくじ》で賑《にぎ》わわせる人《ひと》などは、ほとんどそうです。そういう人《ひと》はあらゆる面《めん》で強力《きょうりょく》な魔力《まりょく》を持《も》っています。なまっちょろい世間知《せけんし》らずで無罪病《むざいびょう》の裁判官《さいばんかん》や弁護士《べんごし》や人権屋《じんけんや》さんたちには想像《そうぞう》もつかない魔物《まもの》です。彼《かれ》または彼女《かのじょ》たちには、反省《はんせい》とか後悔《こうかい》とか懺悔《ざんげ》などという成分《せいぶん》はひとかけらもありません。実際《じっさい》にそういう魔物《まもの》はいるのです。注意《ちゅうい》しましょう。

ですから、実行《じっこう》するしないは別《べつ》として、一応《いちおう》それらを〈のさばらせない〉ようにするためには、予防《よぼう》のブレーキとして死刑《しけい》も終身刑《しゅうしんけい》も必要《ひつよう》なのです。今《いま》の日《に》本《ほん》は始《はじ》めからブレーキのない暴走車《ぼうそうしゃ》なのです。

参考《さんこう》までに魔界人《まかいじん》の見分《みわ》け方《かた》をお教《おし》えしておきましょう。

まず、ひと目見《めみ》たときの第一印象《だいいちいんしょう》がひんやりとした感《かん》じ、凶々《まがまが》しい、闘争的《とうそうてき》、自己中心的《じこちゅうしんてき》、傲慢《ごうまん》な感《かん》じ、陰険《いんけん》、陰湿《いんしつ》、ヌメッとした蛇《へび》のようで、どことなく暗《くら》い。暗《くら》いくせにエネルギッシュ。強欲《ごうよく》、すべてに貪欲《どんよく》、何《なん》にでも妬《ねた》み、そねみ、ひがみ、悪口《わるくち》ばかりを言《い》う人《ひと》、等々《などなど》です。テレビのワイドショーなどでよくシャシャリ出《で》ている人《ひと》たちの中《なか》にも、この手合《てあ》いが沢山《たくさん》います。さて誰《だれ》でしょう。当《あ》ててみてください。

淳夫
不幸な運命を背負ってゐても？

幸福論《こうふくろん》

よく結婚式《けっこんしき》などで、「幸《しあわ》せになってね」とか、「幸《しあわ》せになります」、「してみせます」とかいう言葉《ことば》が飛《と》び交《か》いますが、では、いったいその幸福《こうふく》とは何《なん》でしょうか。それは充足感《じゅうそくかん》です。何《なに》もかも満《み》ち足《た》りた気分《きぶん》になった時《とき》、それが幸福《こうふく》なのです。しかしその成分《せいぶん》は泡《あわ》で出来《でき》ています。ほんの短《みじか》い時間《じかん》、一瞬《いっしゅん》で消《き》えてゆくものです。

メーテルリンクは『青《あお》い鳥《とり》』でそれを抽象的《ちゅうしょうてき》に表現《ひょうげん》しました。手《て》にした瞬《しゅん》間《かん》に飛《と》び去《さ》るものとして。でも、それだからこそ有難味《ありがたみ》があり、貴重《きちょう》なものとしての値打《ねう》ちがあるのです。もしその幸福感《こうふくかん》が絶《た》え間《ま》なくずっと持続《じぞく》したとしたら、人間《にんげん》はシマリのないボケーッとした薄《うす》らバカになってしまうでしょう。

それなのにどういうわけか、世《よ》の人々《ひとびと》は「幸福《こうふく》になりましょう」、「なって下《くだ》さい」、「なります」と、まるで一度《いちど》手《て》に入《い》れたら永久《えいきゅう》に形《かたち》が変《か》わらない固形物《こけいぶつ》でもあるかのような錯覚《さっかく》を起《お》こしています。永久不変《えいきゅうふへん》のものなんてこの世《よ》にはあり得《え》ないのです。

特《とく》に幸福《こうふく》というシロモノは、陽炎《かげろう》のように儚《はかな》いものなのです。

疲《つか》れ果《は》てて寝床《ねどこ》に大《だい》の字《じ》になった瞬間《しゅんかん》「ああ、寝《ね》るより楽《らく》はなかりけり」と、しみじみと幸福感《こうふくかん》を味《あじ》わう時《とき》。風呂《ふろ》につかって手足《てあし》をのばした時《とき》。春《はる》、ふっと南風《みなみかぜ》が吹《ふ》いて胸《むね》がキュンとした時《とき》。愛《あい》する人《ひと》と抱擁《ほうよう》の時《とき》。長《なが》い間《あいだ》、欲《ほ》しかったものを手《て》に入《い》れた瞬間等々《しゅんかんなどなど》。幸福《こうふく》だなあと思《おも》うのはその時《とき》だけです。その感覚《かんかく》はせいぜい五分《ごふん》か十分後《じゅっぷんご》には薄《うす》れていき、やがて麻痺《まひ》してしまい、それが当《あ》たり前《まえ》になり、何《なに》も感《かん》じなくなってしまうものなのです。

しかし、いつでもどこでも、今《いま》すぐ幸福《こうふく》になる方法《ほうほう》、常《つね》に幸福感《こうふくかん》を味《あじ》わえる方《ほう》法《ほう》があることはあります。

それは簡単《かんたん》なことです。つまり、どんなことでも何《なん》でもよいから〈感謝《かんしゃ》すること〉を自分《じぶん》の中《なか》に、まわりに探《さが》して見《み》つけることです。「見《み》える、ああ有難《ありがた》い」、「聞《き》こえる、ああ有難《ありがた》い」、「話《はな》せる、ああ有難《ありがた》い」、「手足《てあし》が動《うご》く、雨風《あめかぜ》をしのげる天井《てんじょう》や壁《かべ》のある所《ところ》で寝起《ねお》きができる、ああ有難《ありがた》い」、「着《き》るものがある、食物《たべもの》がある、ああ有難《ありがた》い、幸福《こうふく》だなあ」等々《などなど》。

もしそれが「えっ、それが何《なん》で？　どうして？」と理解《りかい》できない人《ひと》は、一度《いちど》それ等《ら》の病気《びょうき》をしたり、ホームレスになったりして一切《いっさい》を絶《た》ってみれば、有難味《ありがたみ》や感謝《かんしゃ》する気持《きも》ちが、感覚《かんかく》でよく身《み》に沁《し》みてわかります。ちょうど断食《だんじき》の行《ぎょう》のように、水絶《みずだ》ちの後《あと》、最初《さいしょ》に飲《の》んだ水《みず》の美味《おい》しさ有難《ありがた》さは、日常《にちじょう》では忘《わす》れているものです。普段《ふだん》は「こんなまずいもの食《く》えるか」と思《おも》っていた一汁一菜《いちじゅういっさい》の食事《しょくじ》が、穀絶《ごくだ》ちの後《あと》では「こんなに旨《うま》い粥《かゆ》がこの世《よ》にあったのか」と思《おも》うほどです。腎臓《じんぞう》を患《わずら》った人《ひと》はおしっこが出《で》るだけでも、ああ有難《ありがた》いと思《おも》うものなのです。便秘《べんぴ》の人《ひと》はお通《つう》じがあったときにしみじみと幸福感《こうふくかん》を味《あじ》わえるものなのです。

ですから世《よ》の中《なか》で忌《い》み嫌《きら》われている、病気《びょうき》や貧困《ひんこん》や不安《ふあん》やトラブルという〈負《ふ》〉の部分《ぶぶん》は、実《じつ》は幸福《こうふく》を感《かん》じるためのバロメーターなのです。断食《だんじき》の行《ぎょう》とは世《よ》の中《なか》のあらゆるものを感謝《かんしゃ》する心《こころ》を芽生《めば》えさせるための行《ぎょう》なのです。

肉親《にくしん》をはじめ多《おお》くの人《ひと》に愛《あい》されてきた人《ひと》は、愛《あい》されることの嬉《うれ》しさ、有難《ありがた》さ、幸福感《こうふくかん》を、それが当《あ》たり前《まえ》だと思《おも》い、鈍感《どんかん》になっています。また、わかりません。しかし親《おや》にも他人《たにん》にも愛《あい》されずにきた孤独《こどく》な人《ひと》は、誰《だれ》かからほんの少《すこ》し愛《あい》されたり優《やさ》しくされただけでも、大変《たいへん》な喜《よろこ》びを感《かん》じたり、有難味《ありがたみ》を、また幸福感《こうふくかん》を味《あじ》わうことができるのです。

〈白《しろ》〉の白《しろ》さを際立《きわだ》たせるには、その〈白《しろ》〉の傍《かたわら》に黒《くろ》い色《いろ》のものを置《お》けばよいのです。〈黒《くろ》〉の黒《くろ》さが深《ふか》く、濃《こ》ければ濃《こ》いほど、黄《き》なりの白《しろ》さのものでも真《ま》っ白《しろ》に見《み》えるものなのです。〈黒《くろ》〉は苦労《くろう》です。苦労《くろう》した事《こと》が多《おお》く、苦《くる》しみの深《ふか》さが深《ふか》ければ深《ふか》いほど、幸《しあわ》せが訪《おとず》れた時《とき》、それがどんなにささやかな幸《しあわ》せでも、大《おお》きな幸福感《こうふくかん》として満喫《まんきつ》出来《でき》るものなのです。

ですから〈黒《くろ》〉の苦労《くろう》はあながち〈負《ふ》〉の悪《わる》いことだけではないのです。幸福《こうふく》の度合《どあ》いを計《はか》るバロメーターにもなるのです。

第一章《だいいっしょう》　自分自身《じぶんじしん》の〈正《せい》〉と〈負《ふ》〉を知《し》る

あなた自身《じしん》の〈正《せい》〉と〈負《ふ》〉

みなさん常日頃《つねひごろ》から、自分《じぶん》の〈負《ふ》〉は何《なん》であるかということをよく見《み》て査定《さてい》しておくことです。〈負《ふ》〉と〈正《せい》〉を自分自身《じぶんじしん》でよく分析《ぶんせき》して、「私《わたし》のこういうところは〈負《ふ》〉なんだ。じゃあ〈正《せい》〉のほうはどうだろう」と。それはまず健康《けんこう》であるとか、健常者《けんじょうしゃ》として普通《ふつう》の生活《せいかつ》ができる。それがなによりの〈正《せい》〉です。それをあたりまえだと思《おも》って、〈正《せい》〉だと思《おも》わない人《ひと》が多《おお》いのです。病気《びょうき》になってみないとわからない。

また、自分《じぶん》は病気《びょうき》で〈負《ふ》〉ばかりだという人《ひと》、自分《じぶん》には何《なに》も〈正《せい》〉がないと思《おも》っている人《ひと》がいる。だけど〈負《ふ》〉ばっかりだと思《おも》っている人《ひと》が、健康《けんこう》か愛情《あいじょう》に恵《めぐ》まれていたり、面倒《めんどう》をみてくれる人《ひと》がいたり、物質的《ぶっしつてき》に困《こま》らないでいられるという〈正《せい》〉を持《も》っている場合《ばあい》もあるのです。

〈正《せい》〉と〈負《ふ》〉は必《かなら》ずある

逆《ぎゃく》に大金持《おおがねも》ち、大富豪《だいふごう》の家《いえ》というのは、長患《ながわずら》いの病人《びょうにん》や、けがをしている人《ひと》がいたりする場合《ばあい》が多《おお》いのです。大金持《おおがねも》ちの人《ひと》で、家族《かぞく》みんなが健康《けんこう》でバリバリというケースは少《すく》ないのです。一時的《いちじてき》には健康《けんこう》であっても、後《のち》に植物状態《しょくぶつじょうたい》のまま死《し》ぬまで何年《なんねん》も何年《なんねん》も生《い》きつづけたり、身内《みうち》にずっと精神《せいしん》か肉体《にくたい》のどこかを患《わずら》っている人《ひと》がいたり、近親憎悪《きんしんぞうお》をはじめとした人間関係《にんげんかんけい》のおぞましい生《い》き地獄《じごく》の中《なか》で暮《く》らしていたり、というのが私《わたし》の知《し》る限《かぎ》り、多《おお》く見受《みう》けられます。

若《わか》い女《おんな》の子《こ》には、自分《じぶん》の器量《きりょう》が悪《わる》いということを〈負《ふ》〉だと思《おも》っている人《ひと》もいるでしょう。だけど頭《あたま》がいいとか、性格《せいかく》がいいとか、健康《けんこう》であるとか、器量《きりょう》は悪《わる》いけど、色《いろ》が白《しろ》いとか、連《つ》れて歩《ある》くにはカッコ悪《わる》いけど、寝《ね》るとセックスが最高《さいこう》だと言《い》われる女《おんな》もいるのです。男《おとこ》も、不器用《ぶきよう》で無知無教養《むちむきょうよう》でダサい男《おとこ》と言《い》われているけれど、寝《ね》てみると先天的《せんてんてき》にセックスが達者《たっしゃ》で離《はな》れられなくなる技術《ぎじゅつ》と肉《にく》体《たい》を持《も》っている場合《ばあい》もあるのです。その反対《はんたい》の男《おとこ》もいます。

人間《にんげん》には、何《なに》もかも全部《ぜんぶ》ダメ、という人《ひと》はまず珍《めずら》しいのです。〈正《せい》〉のない人《ひと》や〈負《ふ》〉のない人《ひと》というのはいません。ですから自分自身《じぶんじしん》を厳密《げんみつ》に計算《けいさん》する必要《ひつよう》があるのです。そしてどちらの比重《ひじゅう》が多《おお》いか少《すく》ないかを知《し》って、それを削《けず》ったり増《ふ》やしたりする努力《どりょく》をすればよいのです。

男《おとこ》としての大《おお》きな〈負《ふ》〉

どう見《み》てもハンサムでインテリで才能《さいのう》があって、仕事《しごと》もバリバリやって、きれいな奥《おく》さんをもらって、彼《かれ》には〈負《ふ》〉なんてまったくないんじゃないかと思《おも》うような男性《だんせい》。ある日《ひ》、奥《おく》さんが他《ほか》の男《おとこ》と逃《に》げてしまった。しかも相手《あいて》は見《み》かけはつまらない男《おとこ》。

どうしてだろうと思《おも》ってその奥《おく》さんに話《はなし》を聞《き》いたら、「だれにも言《い》わないでよ、うちの旦那《だんな》、オチンチンが小指《こゆび》より小《ちい》さかったのよ」と言《い》う。彼《かれ》は大変《たいへん》な〈負《ふ》〉を男《おとこ》として抱《かか》えていたわけです。「だから子供《こども》がうまれなかったの?」と聞《き》いたら、そうではなく、セックスはしていても、挿入《そうにゅう》された感《かん》じがまったくしないというのです。技術《ぎじゅつ》も下手《へた》で満足感《まんぞくかん》もなく、「このまま私《わたし》は一生《いっしょう》を終《お》わりたくない」と思《おも》ったから逃《に》げたそうです。

ご主人《しゅじん》にとってはそれが物凄《ものすご》いコンプレックスだったのでしょう。お金持《かねも》ちで頭《あたま》も人柄《ひとがら》もよく、ハンサムで、スポーツマンで、背《せ》は高《たか》いし体《からだ》はガッチリしているのですから。それがテクニックで補《おぎな》えればいいけれど、そのテクニックもないというのですから。

他人《たにん》の〈負《ふ》〉は見《み》た目《め》ではわからない

その反対《はんたい》の女《おんな》の人《ひと》もいました。瘦《や》せ型《がた》だけれど着物《きもの》を着《き》ると天下一品《てんかいっぴん》の、凄《すご》い美女《びじょ》。

その人《ひと》は不感症《ふかんしょう》だったのです。性器《せいき》がお皿《さら》といわれる状態《じょうたい》。膣《ちつ》が厚《あつ》いのか骨《ほね》が太《ふと》いのかわかりませんが、その女《おんな》の人《ひと》と寝《ね》た男《おとこ》の人《ひと》に聞《き》いたら、途中《とちゅう》ちょっとくらいまでしか入《はい》らないそうです。その人《ひと》は、大恋愛《だいれんあい》はしているのだけれど、最《さい》後《ご》のところまでどうしてもいけないと言《い》うのです。私《わたし》はその人《ひと》に会《あ》ったときにかわいそうで顔《かお》が見《み》られませんでした。知《し》らない人《ひと》にはうらやましがられている美《び》女《じょ》だけれど、これも地獄《じごく》です。その後《あと》も数《かぞ》えきれないほどの男《おとこ》の人《ひと》たちと交際《こうさい》がありましたが、結局《けっきょく》どの人《ひと》ともうまくいかず、孤独《こどく》なまま亡《な》くなりました。

彼女《かのじょ》はすごく高《たか》い代償《だいしょう》を払《はら》っていると思《おも》ったのです。だって、相手《あいて》の男《おとこ》の人《ひと》が三年間《さんねんかん》付《つ》き合《あ》っていて、一度《いちど》も絶頂《ぜっちょう》に達《たっ》したことがないというのですから。しかもその人《ひと》とは義理《ぎり》で付《つ》き合《あ》っているとか、嫌《いや》がって付《つ》き合《あ》っているのではなく、大恋愛《だいれんあい》なのですから。

相手《あいて》の男性《だんせい》に「あなたのテクニックが下手《へた》なんじゃないの？」と言《い》ったら、

「冗談《じょうだん》じゃない、俺《おれ》のこと知《し》ってるだろう」と言《い》っていました。彼《かれ》はすごいドン・ファン、泣《な》かした女《おんな》の数《かず》は数知《かずし》れずという男《おとこ》だったのです。

ですから、他人《たにん》の〈負《ふ》〉というものは見《み》た目《め》では絶対《ぜったい》にわからないのです。当《とう》事者《じしゃ》でないとわからない。

小野小町《おののこまち》のことを〈穴《あな》なし小町《こまち》〉などと言《い》って、深草少将《ふかくさのしょうしょう》が百日通《ひゃくにちかよ》っても絶対《ぜったい》セックスをさせなかった。それで穴《あな》がないんじゃないか、欠陥《けっかん》があるんじゃないか、などと伝説《でんせつ》では言《い》われていますが、そういう気《き》の毒《どく》な話《はなし》というのは当事《とうじ》者《しゃ》でないとわかりません。

マスコミが有名人《ゆうめいじん》の恋愛《れんあい》や夫婦間《ふうふかん》の問題《もんだい》で、あれこれ口《くち》をはさむ筋合《すじあ》いのものではないということは、これひとつとっても言《い》わずもがなのことなのです。

税金《ぜいきん》の納税額《のうぜいがく》で人《ひと》をうらやむな

納税《のうぜい》の季節《きせつ》には、マスコミが一斉《いっせい》に長者番付《ちょうじゃばんづけ》を発表《はっぴょう》し、人々《ひとびと》をうらやましがらせ、妬《ねた》ませ、ひがませようとします。

ところがドッコイ、その手《て》にうっかり乗《の》ってはいけません。この日本《にほん》には、ジョセフ・ドッジなる米国人《アメリカじん》が終戦後《しゅうせんご》、二度《にど》と日本《にほん》に財閥《ざいばつ》をつくらせないように〈貧税法《ひんぜいほう》〉という税法《ぜいほう》を作《つく》ったために、一億円《いちおくえん》以上《いじょう》稼《かせ》いだ人《ひと》は黙《だま》って六〇パーセントは税金《ぜいきん》で持《も》っていかれ、それに、やれ特別何《とくべつなん》とか税《ぜい》、特別何《とくべつなん》とか税《ぜい》と、色々《いろいろ》な名目《めいもく》で他《ほか》のおまけがついて、結局《けっきょく》、約《やく》八〇パーセント近《ちか》くは持《も》って行《い》かれてしまうようになっているのです。

早《はや》く言《い》えば、働《はたら》けば働《はたら》いただけ〈只働《ただばたら》き〉で、〝骨折《ほねお》り損《ぞん》のくたびれ儲《もう》け〟ということになっているのです。ですから、みんな〈個人《こじん》〉で正直《しょうじき》に申告《しんこく》している人《ひと》は、大《たい》した手取《てど》りの額《がく》ではないのです。

そのため、会社《かいしゃ》を作《つく》って節税対策《せつぜいたいさく》を立《た》てて色々苦労《いろいろくろう》なさっているようです。が、それも限度《げんど》があるようです。それでだんだん、みなさん勤労意欲《きんろういよく》をなくしていく人《ひと》が多《おお》いのです。大《おお》きな邸《やしき》は会社名義《かいしゃめいぎ》で、会社《かいしゃ》から家賃《やちん》を払《はら》って借《か》りているという方法《ほうほう》がほとんどです。

〝楽《らく》あれば苦《く》あり〟はここでも生《い》きているのです。むやみにうらやましがることはありません。むしろ、骨折《ほねお》り損《ぞん》を気《き》の毒《どく》がるぐらいでよいのです。マスコミは困《こま》るでしょうけれどね。

人間《にんげん》は、必《かなら》ず平等《びょうどう》にツケを払《はら》わなければならない

ですから、やたらと人《ひと》をうらやんだりしないこと。

《正負《せいふ》の法則《ほうそく》》を知《し》っていれば、妬《ねた》んだり、うらやんだりする必要《ひつよう》がなくなってきます。

〈人間《にんげん》は、必《かなら》ず平等《びょうどう》にツケを払《はら》わなければならない〉という基本《きほん》がわかってくると、逆《ぎゃく》に同情《どうじょう》こそすれ、うらやましがることはなくなってくるのです。

そういう視点《してん》で物事《ものごと》を見《み》て、世《よ》の中《なか》が見《み》えてきて、いろいろなことがわかってくると、自分《じぶん》がそれほどに不幸《ふこう》でもなく、まあそこそこに幸《しあわ》せなのだと思《おも》うことができます。

〈負《ふ》〉がすべてマイナスの要因《よういん》ではない

ある女性《じょせい》がいて、その結婚相手《けっこんあいて》は端《はた》から見《み》れば普通《ふつう》の父《とう》ちゃんで、可《か》もなく不《ふ》可《か》もなしでした。チョロチョロした遊《あそ》びはするだろうけれど、特定《とくてい》の女《おんな》を作《つく》って浮気《うわき》するわけじゃなし、そこらのバーのねえちゃんとちょっと遊《あそ》ぶくらいで大《たい》した度胸《どきょう》もない。暴《あば》れもしないし、お酒《さけ》もほどほど。まったくどうってことない父《とう》ちゃんなのに、その女性《じょせい》は「うちの父《とう》ちゃん、いい父《とう》ちゃんでしょう。最高《さいこう》のハズバンドよ」と言《い》っているのです。

どうしてなんだろうと思《おも》って、まさか「いやあ、あなたの父《とう》ちゃん大《たい》したことないよ」とも言《い》えず、黙《だま》って話《はなし》を聞《き》いていたら、その人《ひと》は初婚《しょこん》ではなくて三度目《さんどめ》の結婚《けっこん》だった。そして前《まえ》の二人《ふたり》の父《とう》ちゃんはあまりにもひどい男《おとこ》だったのです。飲《の》む打《う》つ買《か》うなんてものじゃない。浮気《うわき》はする、ウソはつく、仕事《しごと》はしない、夜《よ》逃《に》げはする、と大変《たいへん》だったそうです。

今《いま》の父《とう》ちゃんは何《なん》にもしないから〈いい父《とう》ちゃん〉なのです。端《はた》から見《み》たらどうってことなくても、その女《おんな》の人《ひと》にとっては最高《さいこう》の夫《おっと》なのです。

彼女《かのじょ》は悲惨《ひさん》な〈負《ふ》〉を知《し》っていたから、平凡《へいぼん》な、何《なん》でもないことでも幸《しあわ》せに感《かん》じられるのです。

ですから、〈負《ふ》〉だらけだといって悲《かな》しむことはないのです。何度《なんど》も言《い》うようですが、苦《くる》しめば、苦《くる》しんだ人《ひと》ほど、それがたとえささやかでも幸《しあわ》せがおとずれた時《とき》に、苦《くる》しまなかった人《ひと》の何倍《なんばい》もの幸《しあわ》せ、充実感《じゅうじつかん》を大《おお》いなる幸福《こうふく》として感《かん》じることができるのですから。

〈負《ふ》〉がすべてマイナス要因《よういん》とは限《かぎ》らないということです。

〈負《ふ》〉とともに生《い》きる知恵《ちえ》

一番肝心《いちばんかんじん》なことは、悪《わる》いことが起《お》きたからといって、嘆《なげ》き悲《かな》しむことはない、ということです。悪《わる》いことは長《なが》くつづきませんから。そのかわり、良《よ》いこともまた長《なが》くはつづかない。だから、良《よ》いことがあったときには、施《ほどこ》しをするなどして、そこそこの〈負《ふ》〉を先回《さきまわ》りして自分《じぶん》で意識《いしき》してつくるとよいでしょう。そうすれば予期《よき》しない、ものすごい〈負《ふ》〉に襲《おそ》われなくてすむようになります。

向《む》こうから不意《ふい》に襲《おそ》ってきた〈負《ふ》〉ではなく、自分《じぶん》が意識《いしき》して前《まえ》もってほどほどに作《つく》った〈負《ふ》〉であれば、嘆《なげ》き悲《かな》しむこともありません。仏教《ぶっきょう》でいうところの〈施餓鬼供養《せがきくよう》〉という他人《たにん》への施《ほどこ》しの行《ぎょう》はそういうことなのです。結局自分《けっきょくじぶん》のための施《ほどこ》しということになるのです。〝情《なさ》けは人《ひと》のためならず〟ということです。

昔《むかし》の人《ひと》の生活《せいかつ》の智恵《ちえ》というのは素晴《すば》らしいものがあったのですね。

施餓鬼供養《せがきくよう》の意味《いみ》

仏教《ぶっきょう》で教《おし》えているところのこの供養《くよう》は、《正負《せいふ》の法則《ほうそく》》に基《もと》づいた生活《せいかつ》の智恵《ちえ》です。幸福《こうふく》ばかりの〈足《た》し算《ざん》〉の生活《せいかつ》をしていると、やがて地球《ちきゅう》の法則《ほうそく》で恐《おそ》ろしい〈引《ひ》き算《ざん》〉がどっと押《お》し寄《よ》せて来《く》るので、それが来《く》る前《まえ》に先手《せんて》を打《う》って〈引《ひ》き算《ざん》〉をしておこうということです。

つまり〝損《そん》して得《とく》しろ〟です。どの様《よう》な形《かたち》で襲《おそ》ってくるかわからぬ〈引《ひ》き算《ざん》〉で苦《くる》しむより、自分《じぶん》で納得《なっとく》した損料《そんりょう》で先《さき》に厄払《やくばら》いをしておくという方法《ほうほう》です。

昔《むかし》の人《ひと》は本当《ほんとう》に偉《えら》かったのですね。ちゃんと地球上《ちきゅうじょう》の法則《ほうそく》にしたがって生《い》き抜《ぬ》く生活法《せいかつほう》のコツを知《し》っていたのですから。

第《だい》二章《にしょう》　私《わたし》の《正負《せいふ》の法則《ほうそく》》

CHIAKI

戦前《せんぜん》の生活《せいかつ》

私《わたし》が《正負《せいふ》の法則《ほうそく》》というものに気《き》がついたというのは、私《わたし》の家《いえ》は後《うし》ろがお女《じょ》郎屋《ろうや》さん、遊郭《ゆうかく》だったのです。人身売買《じんしんばいばい》が当《あ》たり前《まえ》の時代《じだい》でしたし、貧富《ひんぷ》の差《さ》が激《はげ》しかった。世界中《せかいじゅう》がそうでしたが、日本《にほん》も八〇パーセントぐらいは貧乏人《びんぼうにん》だったのです。

戦前《せんぜん》ですから女《おんな》の人《ひと》は着物《きもの》の人《ひと》が多《おお》く、洋装《ようそう》の人《ひと》というのは少《すく》なかったのです。日本中《にほんじゅう》、小《ちい》さな家《いえ》に五人《ごにん》、十人《じゅうにん》が暮《く》らしているという生活《せいかつ》でした。ですが、そういう家《いえ》の家族《かぞく》というのはとても健康《けんこう》なのです。そして、お金持《かねも》ちの家《いえ》には病《びょう》人《にん》がいる。

私《わたし》は小《ちい》さい頃《ころ》「どうしてだろう」と思《おも》って、とても不思議《ふしぎ》に感《かん》じていました。あんまりお金持《かねも》ちになるとバチが当《あ》たるんだな、と思《おも》い、また、継母《ままはは》が「あんまり分《ぶ》に過《す》ぎるとバチがあたる」とよく言《い》っていた、そういうことが物心《ものごころ》ついたときには入《い》り混《ま》じっていました。

人生《じんせい》の裏街道《うらかいどう》を見《み》ながら

お女郎《じょろう》さんとして売《う》られてくる田舎《いなか》の娘《むすめ》たちは素朴《そぼく》でピチピチして健康《けんこう》だけれども、境遇《きょうぐう》はかわいそう。どうしてそんなに貧富《ひんぷ》の差《さ》があるのだろうと思《おも》っていました。そしてよく花街《はなまち》で言《い》われていた言葉《ことば》に、〝美人薄命《トテシャンはくめい》、美人薄幸《トテシャンはっこう》、醜女《しこめ》に病《やまい》なし〟というのがありました。

貧《まず》しい人《ひと》でも働《はたら》き者《もの》でよく働《はたら》く人《ひと》はそこそこの生活《せいかつ》ができている。大金持《おおがねも》ちの家《いえ》に限《かぎ》って、お父《とう》さんが酒飲《さけの》みだったり、芸者通《げいしゃがよ》いをしたり。

うちは色町《いろまち》にあり、料亭《りょうてい》もやっていて金融《きんゆう》、質屋《しちや》も経営《けいえい》していました。人生《じんせい》の裏街道《うらかいどう》を見《み》るような商売《しょうばい》なのです。お風呂屋《ふろや》さんも、カフェもやっていました。どの商売《しょうばい》も、人間《にんげん》の本音《ほんね》と建前《たてまえ》をあからさまにする世界《せかい》で、それを見《み》ながら育《そだ》ったのです。

自分《じぶん》はまだ子供《こども》ですから、その轍《わだち》のなかに入《はい》って巻《ま》き込《こ》まれることもなく、いつもオブザーバーとして向《む》こう岸《ぎし》から冷静《れいせい》に見《み》ていたのです。そうするといろんなものが見《み》えてきます。

父母《ふぼ》の言葉《ことば》

愉快《ゆかい》な快楽《かいらく》に溺《おぼ》れて、楽《らく》ばかりしている怠《なま》け者《もの》は、やっぱり貧乏《びんぼう》をしています。頭《あたま》はそんなに良《よ》くなくて、教養《きょうよう》もなく、学歴《がくれき》もないけれど、一生懸命《いっしょうけんめい》働《はたら》いている人《ひと》は、ちゃんとそれなりに暮《く》らしているのです。《正負《せいふ》の法則《ほうそく》》という難《むずか》しい言葉《ことば》はわかりませんでしたが、私《わたし》は子供《こども》の頃《ころ》からそれを見《み》ていました。

父母《ふぼ》がよく言《い》っていた、〝働《はたら》かざるもの食《く》うべからず〟や〝楽《らく》あれば苦《く》あり、苦《く》あれば楽《らく》あり〟ということわざも、実際《じっさい》に、楽《らく》してお酒《さけ》を飲《の》んだり、女遊《おんなあそ》びをしたり、博打《ばくち》ばっかり打《う》っている人《ひと》はみんな貧乏《びんぼう》なのです。年《とし》を取《と》ったら野垂《のた》れ死《じ》に。

それが自分《じぶん》だけならよいけれど、家族《かぞく》まで路頭《ろとう》に迷《まよ》わせたり、かあちゃんや子《こ》供《ども》が質屋《しちゃ》に行《い》かなくちゃいけなくなったり、身《み》を売《う》ったり。

そういう出来事《できごと》をじっと見《み》ているうちに《正負《せいふ》の法則《ほうそく》》というものが漠然《ばくぜん》と頭《あたま》の中《なか》に入《はい》っていたのです。

自分《じぶん》を振《ふ》り返《かえ》ること

教養《きょうよう》がなくても、器量《きりょう》が悪《わる》くても、一生懸命《いっしょうけんめい》働《はたら》いて正直《しょうじき》な人《ひと》は信用《しんよう》があるから、だれかが助《たす》けてくれるのです。だからどん底《そこ》まで落《お》ちることがない。そして、人並《ひとな》みに働《はたら》いている人《ひと》というのは、やはり人並《ひとな》みの生活《せいかつ》なのです。そして、

人並《ひとな》み以上《いじょう》、頭《あたま》一《ひと》つ出《だ》している人《ひと》は、他《ほか》の人《ひと》たちの二倍三倍《にばいさんばい》も働《はたら》いているのです。頭脳労働《ずのうろうどう》も肉体労働《にくたいろうどう》も両方《りょうほう》。つまり〈出《だ》し惜《お》しみをしない〉のです。苦労《くろう》の出《だ》し惜《お》しみをしない人《ひと》は、それだけ恵《めぐ》まれています。

私《わたし》がいままで見《み》てきた人達《ひとたち》は苦労話《くろうばなし》など一《ひと》つや二《ふた》つどころではありません。それだけのものを得《え》ているということは、それは努力《どりょく》をしているのです。ところが自分《じぶん》の好《す》きなことばかりをして、女《おんな》を買《か》って、グダグダ酒《さけ》を飲《の》んで、それではよくなるはずがありません。貧乏《びんぼう》で当《あ》たり前《まえ》。

自分《じぶん》のやっていることを考《かんが》えなさい。それから文句《もんく》を言《い》いなさい。妬《ねた》みなさい、ひがみなさい。この地球《ちきゅう》、世《よ》の中《なか》はそんなに甘《あま》くはありません。

〈すべて平等《びょうどう》〉は不平等《ふびょうどう》

そういう意味《いみ》で、一部《いちぶ》のジャーナリズムは、表面《ひょうめん》だけ労働者《ろうどうしゃ》の味方《みかた》を装《よそお》い、エセ・ヒューマニズムで、結果《けっか》だけでいろんなことを書《か》いていますが、あれは本《ほん》当《とう》に自由平等《じゆうびょうどう》に反《はん》すると思《おも》います。

努力《どりょく》しない人《ひと》も平等《びょうどう》になどと、そんなバカなことはありません。それこそ〈不平等《ふびょうどう》〉です。努力《どりょく》した人《ひと》もしない人《ひと》も同《おな》じ収入《しゅうにゅう》で、同《おな》じ家《いえ》に住《す》んで、同《おな》じ洋服《ようふく》を着《き》て、同《おな》じ食《た》べ物《もの》を食《た》べる。それでは正直者《しょうじきもの》がバカを見《み》ます。

うらやましいのだったら、妬《ねた》ましいのだったら、自分《じぶん》もそれ以上《いじょう》に努力《どりょく》をすれば報《むく》われるのです。

努力《どりょく》をしなければ現在《げんざい》はない

私《わたし》は若《わか》い頃《ころ》、めちゃくちゃな苦労《くろう》をしました。行《い》き倒《だお》れになってみたり、いろんな悲惨《ひさん》な目《め》に遇《あ》ってきましたし、男《おとこ》なのに生《う》まれつき女《おんな》のような顔《かお》をしているということだけで世《よ》の中《なか》から化《ば》け物扱《ものあつか》いをされて、狂《くる》ってると言《い》われ、金銭的《きんせんてき》にもいろんなことがありました。ただ愛情面《あいじょうめん》では恵《めぐ》まれていましたけれど、それ以外では〈負〉だらけだったのです。それでも私は仕事の面では人の十倍くらい努力《どりょく》をしてきました。それがいつか花《はな》を咲《さ》かせるだろうと思《おも》ってやってきたのです。

そしていま、それが花開《はなひら》いて、演出《えんしゅつ》もできる、脚本《きゃくほん》も書《か》ける、舞台装置《ぶたいそうち》も作《つく》れる、衣装《いしょう》もデザインできる、作詞《さくし》も作曲《さっきょく》もできるし、主演《しゅえん》もできる。振《ふ》り付《つ》けも振付師《ふりつけし》を雇《やと》う必要《ひつよう》がない。それは努力《どりょく》をしてきたからです。

それが、演出《えんしゅつ》の勉強《べんきょう》もしない、本《ほん》も読《よ》まない、脚本《きゃくほん》を書《か》く練習《れんしゅう》もしない、演《えん》技《ぎ》の勉強《べんきょう》もしない、と、努力《どりょく》をしなければ、現在《げんざい》はないのです。

どんなに忙《いそが》しくても、いろんな展覧会《てんらんかい》や音楽会《おんがくかい》や演劇公演《えんげきこうえん》や図書館《としょかん》などに足《あし》を運《はこ》び、自分《じぶん》の目《め》で確《たし》かめたり、楽《たの》しんだり、知識《ちしき》を広《ひろ》めたりするのも努力《どりょく》の内《うち》なのです。それをずっと続《つづ》けてきました。

待《ま》っているだけではダメ

でもそうでない役者《やくしゃ》さんはそういう努力《どりょく》をしませんから、それができない。だからそれをやりなさい、と言《い》っているのです。若《わか》い人《ひと》たちに。他《ほか》の人《ひと》を妬《ねた》み、そねみ、ひがむ前《まえ》に。

売《う》れない人《ひと》に限《かぎ》って、何《なに》ひとつ努力《どりょく》もせず女《おんな》や酒《さけ》やパチンコなどの快楽《かいらく》ばかり追《お》いかけまわして、安酒《やすざけ》で酔《よ》っぱらってはグダグダと他《ほか》の人《ひと》の悪口《わるくち》ばかりこぼして、ひがみまくっているだけなのです。

こういう人《ひと》は、その人柄《ひとがら》がプロデューサーや演出家《えんしゅつか》の耳《みみ》に入《はい》り、信用《しんよう》されなくなるので、ますます仕事《しごと》が来《こ》なくなるのです。

それなら演出家《えんしゅつか》がいなければ自分《じぶん》で演出《えんしゅつ》すればいい。プロモートしてくれるプロデューサーがいなければ、自分《じぶん》がプロデュースすればいいのです。自分《じぶん》がプロデュースして、台本《だいほん》を書《か》いて、演出《えんしゅつ》して、照明《しょうめい》プランも自分《じぶん》が立《た》て、衣装《いしょう》もこうやれば安《やす》い生地《きじ》で縫《ぬ》えるという知識《ちしき》を持《も》っていれば自分《じぶん》でできる。美術《びじゅつ》や装《そう》置《ち》も、多《おお》くの芝居《しばい》や美術《びじゅつ》文化《ぶんか》を見《み》ていれば、じゃあこういうものをやりましょうという知識《ちしき》があちこちから引《ひ》っ張《ぱ》って来《く》ることができます。

ところがみんな売《う》れないお女郎《じょろう》さんのように、軒先《のきさき》にならんで、声《こえ》がかかるのをただじっと待《ま》っているだけなのです。〈打《う》って出《で》る〉ということを知《し》らない。紅殻格子《べんがらごうし》の向《む》こうに、じっと煙管《きせる》を持《も》って坐《すわ》っているだけのお女郎《じょろう》さんみたいにしていては、役者《やくしゃ》もタレントもしょうがありません。

ですが、努力《どりょく》するということは大変《たいへん》なことです。苦《くる》しいですし、歌《うた》や踊《おど》りを習《なら》うにしても、月謝《げっしゃ》を払《はら》わなければなりません。その分《ぶん》だけアルバイトでも何《なん》でもして月謝《げっしゃ》をはじき出《だ》すのです。また、時間《じかん》も寝《ね》る間《ま》もなく、心《こころ》も身体《からだ》も休《やす》める暇《ひま》なんてありません。私《わたし》はそうしてきました。

第三章《だいさんしょう》　《正負《せいふ》の法則《ほうそく》》を生活《せいかつ》に活《い》かす

◆商売上《しょうばいじょう》のこと

結果《けっか》までのプロセスが大事《だいじ》

世《よ》の中《なか》にはよく、「あのヤロー、いい暮《く》らしをしやがって」とか、「なんだ、贅《ぜい》沢《たく》な暮《く》らしをしやがって」と言《い》う人《ひと》たちがいます。ただむやみにうらやましがって、結果《けっか》だけを見《み》てブーブー言《い》って妬《ねた》んでいる人《ひと》が多《おお》すぎます。その結果《けっか》を見《み》て妬《ねた》む前《まえ》に、その結果《けっか》に到《いた》るまでの過程《かてい》、プロセスを見《み》なければなりません。そうすれば、その努力《どりょく》を見《み》て、「なるほどなあ」と納得《なっとく》して妬《ねた》まなくてすみます。

その人《ひと》は、うらやんでいる人々《ひとびと》の想像《そうぞう》を絶《ぜっ》するような努力《どりょく》をしているのです。たとえば寝《ね》る間《ま》も惜《お》しんで暗記《あんき》をしたり、働《はたら》いたりしている。松下電器《まつしたでんき》の松下幸《まつしたこう》之助《のすけ》さんにしても、小学校《しょうがっこう》しか出《で》ていなくて丁稚奉公《でっちぼうこう》をしたりして、必死《ひっし》で働《はたら》いて、そして一生懸命《いっしょうけんめい》考《かんが》えて、製品《せいひん》にするまでに血《ち》のにじむような努力《どりょく》をしているのです。

人並《ひとな》みに働《はたら》いていたのでは、人並《ひとな》みか人並《ひとな》み以下《いか》ぐらいにしかならない。人並《ひとな》み以上《いじょう》になりたければ、人《ひと》の三倍《さんばい》ぐらいは働《はたら》かなければならない。それが鉄則《てっそく》です。

〝じっと手《て》を見《み》る〟ではいけない

だけど石川啄木《いしかわたくぼく》ではないけれど、〝働《はたら》けど働《はたら》けどなおわが暮《く》らし楽《らく》にならざるじっと手《て》を見《み》る〟という人《ひと》もいます。これには「働《はたら》いてないだろう、おまえ」と言《い》いたいのです。人一倍《ひといちばい》働《はたら》いてごらん、じっと手《て》を見《み》なくたってすむんだよと。

石川啄木《いしかわたくぼく》は愚痴《ぐち》ばかりを書《か》き綴《つづ》りましたが、後《のち》にそれが碑《ひ》になったりと、それは〈負《ふ》〉の先払《さきばら》いで、全部《ぜんぶ》〈正《せい》〉に変《か》わっていきました。

しかし、あなたが普通《ふつう》のサラリーマンで、勤《つと》め先《さき》でほかの社員《しゃいん》より有能《ゆうのう》な人材《じんざい》として見《み》られたければ、いろんなことを努力《どりょく》してごらんなさい、それは報《むく》われます。だけど〝じっと手《て》を見《み》る〟ではいけません。手《て》ばかりを見《み》て努力《どりょく》をしていないのです。良《よ》くなった人《ひと》をうらやましがって、結果《けっか》だけをみて文句《もんく》ばかり言《い》っている。良《よ》くなった人《ひと》というのはその裏《うら》でどれだけ悲惨《ひさん》な苦労《くろう》をしているか、そこを考《かんが》えてください。皆《みな》さんそれだけの事《こと》はちゃんとやっています。

まず信用《しんよう》があります。それには、

〈人《ひと》の悪口《わるくち》を言《い》わない、こぼさない〉

〈愚痴《ぐち》や泣《な》き言《ごと》を言《い》わない〉

〈感情《かんじょう》をコントロールできる〉

こういう人《ひと》を世間《せけん》が放《ほう》って置《お》くはずはありません。

売《う》れないものを作《つく》っても誰《だれ》も買《か》わない

以前《いぜん》テレビで見《み》たタコ焼《や》き屋《や》さんの話《はなし》。商売《しょうばい》がうまくいかないと奥《おく》さんがテレビに出《で》てきて訴《うった》えている。借金《しゃっきん》を抱《かか》えていて、話《はなし》だけを聞《き》いているとかわいそうなのです。ところが企業努力《きぎょうどりょく》というものをしていない。そのタコ焼《や》き屋《や》さんは作《つく》りおきをしているのです。お客《きゃく》さんもいないのにどんどん作《つく》っている。ネタも雑《ざつ》にまいて、味付《あじつ》けもいいかげん。作《つく》って箱《はこ》の中《なか》にいれてとっておいたものをチンして暖《あたた》めて出《だ》すのです。当然《とうぜん》タコ焼《や》きはグジャグジャ、そんなタコ焼《や》き誰《だれ》も食《た》べません。

それから不衛生《ふえいせい》。そのタコ焼《や》き屋《や》さんは、もう十年《じゅうねん》くらい磨《みが》いていないのではというくらい、油《あぶら》と汚《よご》れでドロドロ。ひどいものでした。鍋《なべ》から釜《かま》から汚《よご》れ放《ほう》題《だい》なのです。看板《かんばん》も店《みせ》もセンスが悪《わる》く汚《よご》れて粗雑《そざつ》。

努力《どりょく》していないのです、企業努力《きぎょうどりょく》を。うまくいくわけがない。売《う》れないものを、泣《な》きべそ顔《がお》で悲惨《ひさん》な表情《ひょうじょう》のオジサンが作《つく》っているのですから、誰《だれ》も買《か》わないのです。

自業自得《じごうじとく》

新宿《しんじゅく》にある食《た》べ物屋《ものや》さん、そこは残念《ざんねん》ながら味《あじ》はよいのです。ですから、しようがなく時々《ときどき》食《た》べに行《い》くのですが、周《まわ》りを見《み》ると鳥肌《とりはだ》が立《た》つくらい汚《きたな》いのです。食《た》べ物屋《ものや》で、なんでこんなに不衛生《ふえいせい》にしているのかと思《おも》うくらい。それでいつもヒマにしているのです。

しかも子供《こども》のものが、そこいらに置《お》きっぱなしですし、台所《だいどころ》の中《なか》はほこりと油《あぶら》かすだらけ、カウンターも油《あぶら》でドロドロしている。床《ゆか》も油《あぶら》ですべるようなところなのです。

これでは、お客《きゃく》が来《こ》ないというのは当《あ》たり前《まえ》です。そのくせ「ヒマだ、ヒマだ、世《よ》の中《なか》不景気《ふけいき》なのね」と言《い》っている。自分《じぶん》がヒマにしているのです。不景気《ふけいき》にしているのです。

それは企業努力《きぎょうどりょく》を、何《なに》もしていないということです。努力《どりょく》をしていないのは、働《はたら》かないのと同《おな》じですから、〝働《はたら》かざるもの食《く》うべからず〟で、ちゃんと《正負《せいふ》の法則《ほうそく》》にかなっているのです。

お客《きゃく》が来《こ》ないようにしている、ということです。それは自分《じぶん》でしていることなのです。

まず、企業努力《きぎょうどりょく》をすること

町《まち》によっては、大《おお》きいスーパーや大《おお》きいデパートができると、商店街《しょうてんがい》がクレームをつける。けれども自分《じぶん》たちが企業努力《きぎょうどりょく》をしていれば、大《おお》きな店《みせ》が来《き》ても怖《こわ》くありません。現《げん》にそういう、繁盛《はんじょう》している駅前商店街《えきまえしょうてんがい》も実際《じっさい》にあるのですから。

ところが、お蒲団屋《ふとんや》さんにしても、ほこりをかぶったようなお店《みせ》で、内装《ないそう》は暗《くら》くて、蛍光灯《けいこうとう》がかすかにボーッとついている。狭《せま》いところに蒲団《ふとん》をただ積《つ》み上《あ》げて、自分流《じぶんりゅう》に書《か》いたような値札《ねふだ》をぶらさげただけ。お蒲団《ふとん》というものは、きれいな、衛生的《えいせいてき》なところに気持《きも》ちよく身《み》を委《ゆだ》ねるものです。ほこりだらけの店《みせ》に積《つ》み上《あ》げてペラペラした紙切《かみき》れに値段《ねだん》を書《か》いたようなところで誰《だれ》が買《か》いたいと思《おも》うでしょうか。

おそば屋《や》さんも、「よくもまあ、こんなにまずい味付《あじつ》けをして、こんなにまずく作《つく》るのはよほどの努力《どりょく》をしなければできないだろう」と、つくづく感動《かんどう》するほど国宝級《こくほうきゅう》にまずいお店《みせ》があります。食《た》べるものというのは味《あじ》が商売《しょうばい》なのに。

食《た》べもの屋《や》とは味《あじ》だけではなく、器《うつわ》、目《め》で食《た》べさせる。それから匂《にお》い、インテリア、BGMの音楽《おんがく》など、「こんなにしゃれた雰囲気《ふんいき》の中《なか》でご馳走《ちそう》を食《た》べるなんてうれしい」と思《おも》わせるのが食《た》べもの屋《や》の本来《ほんらい》の姿《すがた》なのです。粋《いき》にして、明《あ》かりも器《うつわ》も味《あじ》も気《き》をつかってごらんなさい。

お客《きゃく》が来《こ》ない店《みせ》というのは、まずくて、器《うつわ》もインテリアも音《おと》も汚《きたな》くて、照明《しょうめい》も必《かなら》ず青暗《あおぐら》い冷《ひ》え冷《び》えとした蛍光灯《けいこうとう》で、サービスも悪《わる》いからなのです。こんな店《みせ》はどんなに安《やす》くしても高《たか》すぎると思《おも》われます。その反対《はんたい》に以上《いじょう》の条件《じょうけん》を満《み》たしていれば、普通《ふつう》の料金《りょうきん》でも逆《ぎゃく》に安《やす》すぎるとさえ思《おも》われるのです。

我慢《がまん》するからお給料《きゅうりょう》がもらえる

また、サラリーマンの場合《ばあい》は、お給料《きゅうりょう》も《正負《せいふ》の法則《ほうそく》》です。

私《わたし》は昔《むかし》から言《い》っています。

「給料《きゅうりょう》だと思《おも》うな、我慢料《がまんりょう》ですよ」と。

イヤなことを我慢《がまん》して〈負《ふ》〉を背負《せお》うからそれだけのものをいただけるわけで

す。たとえば歌《うた》い手《て》やタレントであっても、鼻歌《はなうた》だけ歌《うた》って、カッコばかりつけて、好《す》きなことばかりやって、それで長《なが》く人気《にんき》を保《たも》ちたいなどというのは図々《ずうずう》しいのです。

怠《なま》け者《もの》の時代《じだい》

芸術家《げいじゅつか》を志《こころざ》す人《ひと》たちにも同《おな》じことが言《い》えます。

以前《いぜん》、女流画家《じょりゅうがか》の美術展《びじゅってん》へ行《い》って、上村松園《うえむらしょうえん》や池田蕉園《いけだしょうえん》の絵《え》を見《み》たとき、池田蕉園《いけだしょうえん》の絵《え》などはもう狂《くる》いそうなくらい絞《しぼ》りの細《こま》かいところ一《ひと》つ一《ひと》つをずっと描《えが》いてあるのです。桜《さくら》もひとひらひとひら、花弁《かべん》も細《こま》かく描《えが》いてあり、それはそれは手《て》が込《こ》んだ絵《え》を描《か》いている。ですから後世《こうせい》に残《のこ》るのです。

でも、アンディ・ウォーホルではないけれど、何《なん》にも努力《どりょく》をしないで思《おも》いつきだけでは、芸術《げいじゅつ》でも何《なん》でもありません。あれは単《たん》なる怠《なま》け者《もの》。ただのイタズラ描《が》きの紙《かみ》っぺら。それを何億《なんおく》も出《だ》して買《か》った、公共《こうきょう》の施設《しせつ》はまことに恐《おそ》れ入《い》った見識《けんしき》で御座《ござ》いますねえ。

今《いま》はそれが多《おお》すぎます。ただ広《ひろ》い板《いた》に絵《え》の具《ぐ》や顔料《がんりょう》をゴテゴテと山盛《やまも》りにして、それにゲタを一《ひと》つパッと貼《は》り付《つ》けて、それでオブジェで美術《びじゅつ》だって、冗談《じょうだん》ではありません。単《たん》なるナマケモノのハッタリと思《おも》いつきです。

「シンプル・イズ・ベスト。シンプル、シンプル」と言《い》い逃《のが》ればかりして、みんな単《たん》に努力《どりょく》するのがイヤになってしまっただけの話《はなし》なのです。

怠《なま》け者《もの》の時代《じだい》。どんどん人間《にんげん》が怠《なま》け者《もの》になっていっている。そのツケは必《かなら》ず払《はら》わなくてはいけないということです。

一億総怠け者《いちおくそうなまけもの》

日本《にほん》にはこれといった資源《しげん》はありません。油田《ゆでん》があるわけでなく、広大《こうだい》な土地《とち》があるわけでもない。そんな国《くに》がなぜこのような経済大国《けいざいたいこく》になったのか。それは優《すぐ》れた人的資源《じんてきしげん》〈人材《じんざい》〉があったからなのです。言《い》い換《か》えれば日本《にほん》には人的資源《じんてきしげん》しかないのです。

それなのに政治家《せいじか》たちは、景気《けいき》の良《よ》かった時代《じだい》に日本《にほん》の貿易黒字《ぼうえきくろじ》が大《おお》きいことで米国《アメリカ》をはじめ諸外国《しょがいこく》から文句《もんく》を言《い》われたからといって、国民《こくみん》を怠《なま》けさせるために、休日《きゅうじつ》を「はい、休《やす》みましょう、怠《なま》けましょう」と言《い》ってどんどん増《ふ》やしてしまったのです。大《おお》たわけというほかありません。

世《よ》の中永久《なかえいきゅう》に神武景気《じんむけいき》や岩戸景気《いわとけいき》が続《つづ》くと思《おも》っていたのです。今《いま》のように不《ふ》景気《けいき》の時代《じだい》もたびたび来《く》るのにです。そのことは初《はじ》めから何《なん》にも頭《あたま》の中《なか》にはなか

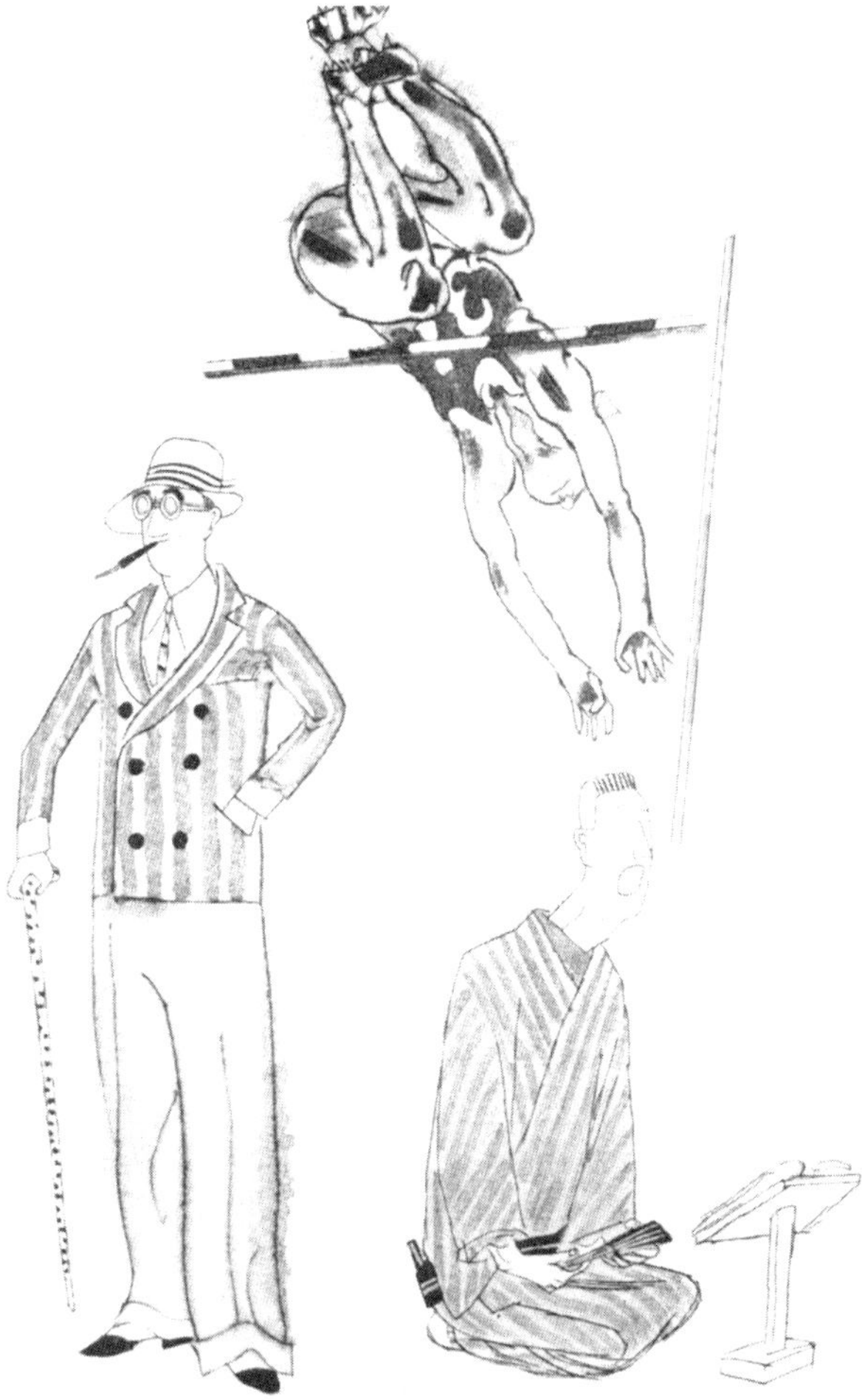

ったのです。

大体《だいたい》、米国《アメリカ》やフランスなどの諸外国《しょがいこく》とは国情《こくじょう》が違《ちが》うのです。食料《しょくりょう》の自給率《じきゅうりつ》は、米国《アメリカ》は約《やく》一三〇パーセント、フランスは一四〇パーセントです。何《なん》にもしなくても、自分《じぶん》たちの自前《じまえ》で食《た》べて行《い》けるのです。そんなにあくせく働《はたら》く必要《ひつよう》はありません。

ところが日本《にほん》の食料《しょくりょう》自給率《じきゅうりつ》は、たったの四〇パーセントなのです。あとの六〇パーセントは他国《たこく》から買《か》って来《こ》なければならない〈買《か》い食《ぐ》い〉なのです。買《か》わなきゃ食《た》べられないとくれば、働《はたら》いて働《はたら》いて稼《かせ》がねば、飢《う》え死《じ》にするよりほかはないのです。

それなのに、ああそれなのに、それなのに、何《なに》もしなくても悠々自適《ゆうゆうじてき》で生《い》きていける、食料《しょくりょう》自給率《じきゅうりつ》一〇〇パーセント以上《いじょう》の国々《くにぐに》と同《おな》じように、「休《やす》みましょう、怠《なま》けましょう、遊《あそ》びましょう」と政治家《せいじか》のバカどもが休《やす》みをバカバカ増《ふ》やしてしまったのです。

休《やす》みだけが増《ふ》えて怠《なま》け者《もの》になってしまった日本人《にほんじん》。世界《せかい》に誇《ほこ》れる唯一《ゆいいつ》の資源《しげん》を自《みずか》ら滅《ほろ》ぼしてしまったのです。まったく嘆《なげ》かわしいことです。

◆食生活《しょくせいかつ》は人間《にんげん》の基本《きほん》

怠《なま》けのツケは体《からだ》にも来《く》る

歩《ある》くのがイヤだから車《くるま》に乗《の》る。そうすると筋肉《きんにく》が弱《よわ》くなり、いずれ歩《ある》くのが困《こん》難《なん》になったりして、結局健康《けっきょくけんこう》を損《そこ》なうことになります。

今《いま》、子供《こども》たちに骨粗鬆症《こつそしょうしょう》が多《おお》いといいます。転《ころ》んだだけで骨《ほね》が折《お》れてしまう。それはカルシウムもとっていないし、鰯《いわし》なんかも食《た》べない、ジャコも食《た》べないからでしょう。

食生活《しょくせいかつ》がそうなってしまったから虚弱体質《きょじゃくたいしつ》になるのです。また、親《おや》が怠《なま》け者《もの》だからお料理《りょうり》をするのも面倒《めんどう》くさいと、ジャンクフードやインスタントものばかりを食《た》べている。そうしたら、精神《せいしん》も肉体《にくたい》もガタガタになって健康《けんこう》を害《がい》するのは当《あ》たり前《まえ》です。カルシウムが不足《ふそく》するとキレやすくなるのです。

自分《じぶん》が自分《じぶん》に祟《たた》る

私《わたし》のところへ、

「何《なん》の因縁《いんねん》だか、うちは代々祟《だいだいたた》られているみたいなんです。お母《かあ》さんがガンになって死《し》んで、今度《こんど》はお姉《ねえ》さんがガンになって、子供《こども》も病気《びょうき》になった」と言《い》う人《ひと》がいました。

「私《わたし》もよくできものができるし、やっぱりガン体質《たいしつ》じゃないか」とか、いろいろ言《い》ってくるのです。それで、食《た》べ物《もの》や生活習慣《せいかつしゅうかん》などいろいろと聞《き》いてみると、そうしたら、一家《いっか》でガンになりたくてしょうがなくてそういう食《た》べ物《もの》を食《た》べているのです。

祟《たた》り神《がみ》は自分《じぶん》たちだったのです。自分《じぶん》が自分《じぶん》に祟《たた》っているのです。だって脂身《あぶらみ》のものが大好《だいす》き、卵《たまご》は食《た》べ放題《ほうだい》、お酒《さけ》は飲《の》む、煙草《たばこ》は吸《す》う、家《いえ》は不衛生《ふえいせい》。親《おや》の食《た》べるものと同《おな》じものを子供《こども》は食《た》べますから、親《おや》と同《おな》じ体質《たいしつ》になるのは当《あ》たり前《まえ》なのです。

すべては食生活《しょくせいかつ》から

それから子供《こども》が病弱《びょうじゃく》でどうのこうの言《い》って、「あれは何《なに》かの祟《たた》りじゃないでしょうか」と言《い》うのです。それはお水《みず》のかわりにわけのわからない市販《しはん》のブリキの飲料水《いんりょうすい》を飲《の》ませておいて、ごはんのかわりにお菓子《かし》を食《た》べさせて、忙《いそが》しいからとカップラーメンなどを食《た》べさせてばかりなのです。そしてあとはジャンクやファストフード。これで病気《びょうき》にならなかったら奇跡《きせき》です。

終戦直後《しゅうせんちょくご》まではガンと糖尿病《とうにょうびょう》はよほどのお金持《かねも》ちでなくてはなれなかった病気《びょうき》なのです。病気《びょうき》になってもみんな肺病《はいびょう》が主《おも》でした。その肺病《はいびょう》も隔離《かくり》されるほどですから少《すく》なかった。糖尿病《とうにょうびょう》は贅沢病《ぜいたくびょう》と言《い》われていたし、ガンなんて珍《めずら》しかったのです。ですから、食生活《しょくせいかつ》が原因《げんいん》なのです。ガンで死《し》んでいたのは、大酒飲《おおざけの》みと美食家《びしょくか》の金持《かねも》ちくらいです。

口《くち》から毒《どく》を入《い》れれば病気《びょうき》になる

いまは寿命《じゅみょう》が延《の》びていると言《い》われていますが、それはケアがいろいろ進《すす》んでいるからです。ガンにしても何《なん》にしても、自分《じぶん》が自分《じぶん》に祟《たた》っているのであって、口《くち》から毒《どく》を入《い》れれば、病気《びょうき》になるのは当《あ》たり前《まえ》だということです。

それも《正負《せいふ》の法則《ほうそく》》なのです。好《す》き放題《ほうだい》おいしいものを食《た》べて、それで健康《けんこう》でいたいというのは図々《ずうずう》しいのです。やはり腹八分《はらはちぶ》にして、ある程度《ていど》粗食《そしょく》にして、食《た》べるものも我慢《がまん》する。体《からだ》にいいものって〝良薬口《りょうやくくち》に苦《にが》し〟でそんなにおいしくはないけれども。

だから、酒池肉林《しゅちにくりん》でとにかく食《た》べたいものを食《た》べ、飲《の》みたいものを飲《の》んで、そのかわり苦《くる》しんで死《し》ぬか、細《ほそ》く長《なが》く生《い》きて、たまにご馳走《ちそう》を食《た》べて、あとは粗《そ》食《しょく》に甘《あま》んじて健康《けんこう》に過《す》ごすか、どちらを手《て》に入《い》れるかは、その人《ひと》の勝手次第《かってしだい》というわけです。

酒《さけ》はおしっこになって出《で》て行《い》き、翌日《よくじつ》は頭痛《ずつう》と自己嫌悪《じこけんお》と無駄遣《むだづか》いの勘定《かんじょう》に後悔《こうかい》し、やがて胃《い》、肝《かん》、腸《ちょう》の内臓《ないぞう》を痛《いた》めます。麻薬《まやく》も覚醒剤《かくせいざい》も、ほんの一時《いっとき》の快《かい》楽《らく》だけ。

その一時《いっとき》の快楽《かいらく》のために長《なが》い一生《いっしょう》を棒《ぼう》に振《ふ》ることになるのです。

それでもよければ、どうぞ、どうぞ。

九段 軍人會館

◆人《ひと》とのつき合《あ》い方《かた》

近《ちか》づきすぎは危険《きけん》

人間関係《にんげんかんけい》で一番大事《いちばんだいじ》なのは〈腹八分《はらはちぶ》〉ではなくて〈腹六分《はらろくぶ》〉。〈腹八分《はらはちぶ》〉だと多《おお》すぎるのです。

夫婦《ふうふ》、恋人《こいびと》、親子《おやこ》、兄弟《きょうだい》、友《とも》だち、仕事関係《しごとかんけい》、すべて〈腹六分《はらろくぶ》〉でお付《つ》き合《あ》いしなさい。〝親《した》しき仲《なか》にも礼儀《れいぎ》あり〟これが鉄則《てっそく》です。

これを守《まも》るのに一番良《いちばんよ》い方法《ほうほう》は、お互《たが》いに、朝夕《あさゆう》の挨拶《あいさつ》や、「ありがとう」をはじめ普段《ふだん》の会話《かいわ》を敬語《けいご》や丁寧語《ていねいご》で話《はな》す習慣《しゅうかん》をつけることです。愛情《あいじょう》さえあればそれが一番《いちばん》です。

「水《みず》くさいわね。親友同士《しんゆうどうし》じゃないの」とか「親子《おやこ》じゃないの」とか、そうやっていたら結局《けっきょく》、馴《な》れ合《あ》いと近親憎悪《きんしんぞうお》が生《う》まれてきたりする。それは〝かわいさ余《あま》って憎《にく》さが百倍《ひゃくばい》〟という言葉《ことば》があるように、かわいさも、余《あま》るほどかわいく思《おも》わないで二分《にぶ》、三分《さんぶ》のところで踏《ふ》み止《とど》まっていると、憎《にく》しみにもなりません。

どんな人《ひと》でも、完全《かんぜん》な人格者《じんかくしゃ》はこの世《よ》にはおりません。お互《たが》い長所《ちょうしょ》もあれば短所《たんしょ》もあります。浅《あさ》くさえ付《つ》き合《あ》っていれば長所《ちょうしょ》の部分《ぶぶん》だけで付《つ》き合《あ》っていられるのです。嫌《いや》な部分《ぶぶん》はお互《たが》い〈見《み》ない〉〈見《み》せない〉で平和《へいわ》に過《す》ごせるのです。日光《にっこう》の東照宮《とうしょうぐう》の、〝見《み》ざる、言《い》わざる、聞《き》かざる〟の格言《かくげん》は、まさに先人《せんじん》たちの考《かんが》えた人生訓《じんせいくん》の真骨頂《しんこっちょう》なのです。

友人《ゆうじん》

友《とも》だちがいない、できない、と嘆《なげ》く人《ひと》がいますが、本当《ほんとう》の友人《ゆうじん》というものは、一生《いっしょう》の内《うち》に一人《ひとり》か二人《ふたり》出来《でき》るか出来《でき》ないかのものなのです。厳密《げんみつ》に言《い》えば一生涯《いっしょうがい》出会《であ》わない人《ひと》の方《ほう》がほとんどです。


「友《とも》だちが欲《ほ》しい」という気持《きも》ちはどこから来《き》ているのでしょう。

「淋《さび》しい」

「楽《たの》しいおしゃべりがしたい」

「悩《なや》みやグチを聞《き》いてもらいたい」

「困《こま》った事《こと》が起《お》きたら助《たす》けてもらいたい」

このように、みんな自分《じぶん》の勝手《かって》な都合《つごう》を満足《まんぞく》させてくれる子守《こも》り役《やく》を求《もと》めているだけなのです。そんな親切《しんせつ》な人《ひと》は滅多《めった》にこの世《よ》にはいません。誰《だれ》だって他人《たにん》の相談事《そうだんごと》や厄介事《やっかいごと》は関《かか》わりたくないのです。キリストやマザー・テレサの様《よう》なボランティア精神《せいしん》の人《ひと》が尊《たっと》ばれるのはそのためです。親友《しんゆう》という名《な》の貴方《あなた》の相手《あいて》もまた貴方《あなた》にそのボランティアを望《のぞ》んでいるのです。

友人知己《ゆうじんちき》の多《おお》い人《ひと》ほど、多忙《たぼう》で自己《じこ》の充実《じゅうじつ》した時間《じかん》を持《も》てない人《ひと》が多《おお》いのです。仕込《しこ》みの時間《じかん》が持《も》てない人《ひと》はいずれ空《から》っぽになります。

また、友人《ゆうじん》と知人《ちじん》を混同《こんどう》している人《ひと》が多《おお》い様《よう》に思《おも》われます。ただの知《し》り合《あ》いというだけに過《す》ぎないのにそれを友達《ともだち》だと錯覚《さっかく》している人《ひと》がいます。

「友《とも》だちが多《おお》くていいわねえ、うらやましい」と言《い》われ、友人知己《ゆうじんちき》が多《おお》ければ多《おお》いほど、賑《にぎ》やかで楽《たの》しいこともありますが、対人関係《たいじんかんけい》の感情的《かんじょうてき》な争《あらそ》いや批判《ひはん》、悪口《わるくち》、陰口《かげぐち》、嫉妬《しっと》、ひがみ、わずらわしさ等《など》、厄介事《やっかいごと》、相談事《そうだんごと》、事件《じけん》もまた、人《にん》数分《ずうぶん》だけ増《ふ》えるということです。

友人知己《ゆうじんちき》が多《おお》く、人《ひと》の出入《でい》りの多《おお》い家《いえ》は幸《こう》で吉《きち》で〈正《せい》〉だけ、というのは間違《まちが》いです。人《ひと》の出入《でい》りが無《な》い家《いえ》は、それ等《ら》の相談事《そうだんごと》、厄介事《やっかいごと》、事件《じけん》も無《な》いのです。

ひっそりしてはいるが平和《へいわ》です。ですから友人知己《ゆうじんちき》がいないことを嘆《なげ》いたり、劣等感《れっとうかん》に陥《おちい》ったりする必要《ひつよう》はないのです。また、友人《ゆうじん》が多《おお》いからといって自慢《じまん》することもありません。孤独《こどく》には孤独《こどく》の素晴《すば》らしい良《よ》さもあるのです。

孤独《こどく》

世間《せけん》の間違《まちが》った価値判断《かちはんだん》のひとつに、〈孤独《こどく》〉＝《イコール》惨《みじ》め、かわいそう、淋《さび》しい、みっともない、不安《ふあん》、情《なさ》けない等々《などなど》というマイナス、つまり〈負《ふ》〉のイメージだけがあります。「一人《ひとり》でレストランに入《はい》れない」とか「一人《ひとり》で食事《しょくじ》しているところを見《み》られると惨《みじ》めっぽく見《み》られるから嫌《いや》だ」という人《ひと》たちもいます。作家《さっか》の三《み》島由紀夫《しまゆきお》さんもそうでした。

ところがそれは大間違《おおまちが》いなのです。

世紀《せいき》の大女優《だいじょゆう》グレタ・ガルボは、いつでもどこでも一人《ひとり》で出没《しゅつぼつ》していました。

私《わたし》がパリのレストランで会《あ》ったとき、大女優《だいじょゆう》ジョン・クロフォードは一人《ひとり》でした。

私《わたし》も二十歳代前半《にじゅっさいだいぜんはん》の頃《ころ》、銀座《ぎんざ》のイタリアンレストランで、一人《ひとり》で食事《しょくじ》をしていた時《とき》、同世代《どうせだい》の俳優《はいゆう》、長門裕之《ながとひろゆき》さんが帰《かえ》りに私《わたし》のテーブルに寄《よ》って来《き》て、「綺《き》麗《れい》な人《ひと》がたった一人《ひとり》で食事《しょくじ》をしている図《ず》は、実《じつ》に凄《すご》みがあって何《なん》だかロマンチックで素敵《すてき》でしたよ」と、わざわざ言《い》って帰《かえ》って行《い》った事《こと》がありました。

つまり、私《わたし》が言《い》いたいことは、〈孤独《こどく》〉とは惨《みじ》めでも哀《あわ》れでもなく、「自分一人《じぶんひとり》だけで充分《じゅうぶん》満《み》ち足《た》りている、充足《じゅうそく》しているんです。他《ほか》の人《ひと》のお助《たす》けには及《およ》びません」という、毅然《きぜん》とした、誇《ほこ》り高《たか》い姿《すがた》なのです。堂々《どうどう》としていればよろしいのです。

孤独《こどく》には〈孤高《ここう》の人《ひと》〉という言葉《ことば》もあるのです。孤独《こどく》だからといって卑屈《ひくつ》になったり、惨《みじ》めに思《おも》い込《こ》む必要《ひつよう》などさらさらありません。背後《はいご》に何本《なんぼん》ものツッカエ棒《ぼう》などなくても、自分一人《じぶんひとり》の足《あし》だけで充分大地《じゅうぶんだいち》を踏《ふ》みしめて、立《た》っているという証拠《しょうこ》なのですから。充実《じゅうじつ》している証《あか》しなのですから。

惚《ほ》れすぎに注意《ちゅうい》

「恋《こい》しい、恋《こい》しい」と、その人《ひと》に惚《ほ》れて惚《ほ》れて惚《ほ》れ抜《ぬ》いて、あんまり惚《ほ》れすぎてしまうと、〝可愛《かわい》さ余《あま》って憎《にく》さが百倍《ひゃくばい》〟というようにそれが倍《ばい》の憎《にく》しみになります。

ちょっとしたことで、向《む》こうが冷《つめ》たくした覚《おぼ》えもないのに、「かまってくれない」とか、ちょっと考《かんが》え事《ごと》をしていたら「なんて冷《つめ》たい男《おとこ》だろう」とか、恨《うら》まにゃならぬようになるのです。だから、なかなかむずかしいことだけれど、なるべく努力《どりょく》して理性《りせい》の手綱《たづな》を引《ひ》き締《し》めて、一〇〇パーセント惚《ほ》れないようにすることです。

HIDE
TSUNE

恋愛《れんあい》とは

恋愛《れんあい》とは〈幸福感《こうふくかん》〉〈充足感《じゅうそくかん》〉〈快楽《かいらく》〉〈楽《たの》しい〉〈希望《きぼう》〉〈やる気《き》〉〈情熱《じょうねつ》〉〈活力《かつりょく》〉〈安《やす》らぎ〉〈ロマンチック〉〈叙情性《じょじょうせい》〉〈生《い》き甲斐《がい》〉等々《などなど》の〈正《せい》〉だけを想《おも》い望《のぞ》み、それが恋愛《れんあい》の真骨頂《しんこっちょう》だと盲信《もうしん》して、「恋愛《れんあい》したい、恋愛《れんあい》したい」という人《ひと》が多《おお》いけれど、恋愛《れんあい》とは、おっとドッコイ、その裏《うら》に〈嫉妬《しっと》〉〈不安《ふあん》〉〈悩《なや》み〉〈苦《くる》しみ〉〈裏切《うらぎ》り〉〈別《わか》れ〉〈絶望《ぜつぼう》〉〈恨《うら》み〉〈憎《にく》しみ〉〈悲《かな》しみ〉等《など》がべったりと表《ひょう》裏《り》一体《いったい》のおまけとしてくっついてくる、ということも知《し》っておく必要《ひつよう》があるのです。

惚《ほ》れ方《かた》が激《はげ》しければ激《はげ》しいほど、幸福感《こうふくかん》が高《たか》ければ高《たか》いほど、それとまったく同《おな》じ量《りょう》の〈負《ふ》〉もまた連《つ》れ添《そ》ってやって来《き》ているということを、初《はじ》めから知《し》って覚悟《かくご》をしておけば、後々《あとあと》が楽《らく》なのです。

ですから恋愛《れんあい》とは、精神的《せいしんてき》にも、肉体的《にくたいてき》にも、時間的《じかんてき》にも、経済的《けいざいてき》にも物凄《ものすご》いエネルギーを必要《ひつよう》とするものなのです。心身《しんしん》ともに体力《たいりょく》のない方《かた》は、あまりならない方《ほう》が身《み》のためです。ロクなことはありませんから。

結婚《けっこん》

よく使《つか》われる言葉《ことば》に「結婚《けっこん》の夢《ゆめ》を云々《うんぬん》…」とか「結婚《けっこん》に夢《ゆめ》を託《たく》す云々《うんぬん》…」とかありますが、ひどい錯覚《さっかく》です。間違《まちが》いです。結婚《けっこん》は夢《ゆめ》ではありません。現実《げんじつ》です。夢《ゆめ》とは一切無関係《いっさいむかんけい》です。ただ現実《げんじつ》あるのみです。くれぐれもお間違《まちが》いのないように。

すべてにおいて、こよなく自由《じゆう》を愛《あい》する人《ひと》は、結婚《けっこん》には向《む》きません。赤《あか》い糸《いと》で結《むす》ばれた二人《ふたり》というのは、実《じつ》は赤《あか》い〈鎖《くさり》と手錠《てじょう》〉で繋《つな》がれた仲《なか》なのです。

世間《せけん》には、独身《どくしん》は〈負《ふ》〉、結婚《けっこん》は〈正《せい》〉という誤《あやま》った価値観《かちかん》があります。どちらにも良《よ》い所《ところ》もあれば悪《わる》い所《ところ》もあるのです。世《よ》の中《なか》は十人十色《じゅうにんといろ》、人《ひと》それぞれの資質《ししつ》や好《この》みによって自由《じゆう》に選択《せんたく》すればよいだけなのです。

自分《じぶん》が我慢《がまん》強《づよ》く、あきらめやすい人間《にんげん》だという点《てん》で自信《じしん》のある人《ひと》だけが結婚《けっこん》する資格《しかく》があるのです。

毎日《まいにち》同《おな》じ献立《こんだて》の料理《りょうり》を数十年《すうじゅうねん》食《た》べ続《つづ》ける趣味《しゅみ》のある人《ひと》のみが健全《けんぜん》な夫《おっと》や妻《つま》だと賞賛《しょうさん》されるのです。正《ただ》しい性生活《せいせいかつ》、結婚生活《けっこんせいかつ》とはそういうものだそうです。

結婚《けっこん》が〈負《ふ》〉に思《おも》えたら

結婚当時《けっこんとうじ》の夫婦《ふうふ》は、お互《たが》いに〈正《せい》〉だけと思《おも》えていたのが、やがて月日《つきひ》が経《た》ち、馴《な》れ合《あ》いが生《しょう》じてくると、互《たが》いが〈負《ふ》〉だけに変《へん》じて見《み》えるものです。これはとても危険《きけん》なことです。

何《なに》ごとにも必《かなら》ず〈正《せい》〉と〈負《ふ》〉は共生《きょうせい》しています。相手《あいて》に対《たい》して不平不満《ふへいふまん》だらけで、〈負《ふ》〉だらけだと思《おも》っている場合《ばあい》、一度頭《いちどあたま》を冷《ひ》やして、相手《あいて》の〈正《せい》〉の部分《ぶぶん》を探《さが》してみることです。そして、その〈正《せい》〉と〈負《ふ》〉の両方《りょうほう》を天秤《てんびん》にかけて査定《さてい》してみることをおすすめします。相手《あいて》に対《たい》して我慢《がまん》できるようになります。

水《みず》くさいくらいがちょうどいい

親類縁者《しんるいえんじゃ》、友人知人《ゆうじんちじん》でも、「それであんたどうしたの?」、「あの人《ひと》がどうしたんだって?」とか「それは大変《たいへん》だ、こうしたらどうだ」とか、その人《ひと》の私生活《しせいかつ》にグイグイ入《はい》り込《こ》んできたり、入《はい》り込《こ》ませたりすると、今度《こんど》はそれがうまくいかなかったり、それほど行《い》き来《き》がなくなってきたら「なんだあいつ」ということになります。そして「あの人《ひと》うざったいわねえ。放《ほう》っておいてくれればいいのに。私《わたし》の勝手《かって》でしょ」と言《い》いたくなるのです。

そして礼儀作法《れいぎさほう》がなくなって、お互《たが》いにぞんざいになってしまいます。同《おな》じ話《はなし》でも、身《み》の上相談《うえそうだん》の同《おな》じ答《こた》えでも、他人《たにん》に言《い》われるとありがたいけれど、身内《みうち》に言《い》われると、同《おな》じことを言《い》われてもうるさいだけで、ちっともありがたくないという場合《ばあい》が多《おお》すぎるのです。

だから、親《おや》にしても兄弟《きょうだい》にしても愛情《あいじょう》さえたっぷりあれば、〈上品《じょうひん》で折《お》り目《め》正《ただ》しい〉と言《い》われるくらいのつき合《あ》い方《かた》がちょうどいいのです。

KON TARO

子供《こども》を成長《せいちょう》させるための技術《ぎじゅつ》

親子関係《おやこかんけい》で言《い》えば、今《いま》は〝かわいい子《こ》には旅《たび》をさせろ〟ということがありません。ただ溺愛《できあい》する親御《おやご》さんが多《おお》いようです。だから子供《こども》はみんな腐《くさ》ってしまう。植木《うえき》も水《みず》をあまり多《おお》くあげすぎると腐《くさ》ります。ですから、折《お》りをみてほどほどにあげるのです。

人間《にんげん》の愛情《あいじょう》も同《おな》じです。溺愛《できあい》という言葉通《ことばどお》り、お父《とう》さんもお母《かあ》さんも「お前《まえ》のために」とベタベタ愛情《あいじょう》を注《そそ》いでいたら、ロクな子《こ》はできません。腐《くさ》ってしまいます。水《みず》をあげたいと思《おも》っても、あげないというのは植木《うえき》を腐《くさ》らせないための一《ひと》つの技術《ぎじゅつ》なのです。

べったりしたいところを、グッと飲《の》み込《こ》んで我慢《がまん》をして、放《ほう》っておいて突《つ》き放《はな》すのも、その子《こ》を成長《せいちょう》させるための一《ひと》つの技術《ぎじゅつ》ですし、愛情《あいじょう》のあり方《かた》なのです。

また最近《さいきん》は、逆《ぎゃく》に子供《こども》に対《たい》して非常《ひじょう》に冷淡過《れいたんす》ぎる親《おや》も増《ふ》えてきているようです。非常《ひじょう》に両極端《りょうきょくたん》です。それではいけません。中道《ちゅうどう》を行《い》くべきです。それは、非《ひ》常《じょう》にむつかしいことでしょうけれど。

親《おや》の因果《いんが》が子《こ》に報《むく》い

今流行《いまはや》っている言葉《ことば》で〈トラウマ〉という言葉《ことば》があります。これは幼少期《ようしょうき》の、親《おや》をはじめとした周《まわ》りの人《ひと》から受《う》けた心《こころ》の傷《きず》のこと。それで一生《いっしょう》が決《き》まるということです。

親《おや》が受験勉強《じゅけんべんきょう》ばかりを押《お》し付《つ》けて、子供《こども》の心《こころ》の傷《きず》や情緒《じょうちょ》、叙情的《じょじょうてき》なロマンティシズム、そういうものをまったく無視《むし》していれば、そのツケは自分《じぶん》にまわってきます。子供《こども》たちはほとんど親《おや》の犠牲《ぎせい》になっています。親《おや》にこう言《い》われたからと、間違《まちが》った価値観《かちかん》を押《お》し付《つ》けられて、それをそのまま一生《いっしょう》引《ひ》きずるのですから。

親《おや》に言《い》われたことから離《はな》れて、自分《じぶん》の意思《いし》として新《あたら》しい解釈《かいしゃく》の仕方《しかた》でものを見《み》て、それを手《て》に入《い》れるような人《ひと》はよほどの逸材《いつざい》です。普通《ふつう》の平凡《へいぼん》な人《ひと》たちはそうはいきません。親《おや》に言《い》われたその一言《ひとこと》、怒鳴《どな》られた一言《ひとこと》、暴力《ぼうりょく》、冷《つめ》たくされたこと、それを、どれが正《ただ》しく、どれが間違《まちが》っているということは関係《かんけい》なく抱《かか》え込《こ》んだまま、自分《じぶん》の細胞《さいぼう》にしてしまっています。

ですから、もしも不良《ふりょう》の子供《こども》とか、家出《いえで》とか、家庭《かてい》でいろいろ問題《もんだい》が起《お》きている子供《こども》は、それは全部親《ぜんぶおや》のこしらえた〈負《ふ》〉がそうさせているのです。

激《はげ》しい夫婦《ふうふ》ゲンカの罵《ののし》りあい、酒《さけ》を飲《の》んでお膳《ぜん》はひっくりかえす、暴《あば》れる、自《じ》制心《せいしん》がなく、すぐカッとなり手《て》を上《あ》げる、言葉《ことば》が汚《きたな》い、家庭《かてい》の中《なか》に音楽《おんがく》や文学《ぶんがく》や美術《びじゅつ》など居心地《いごこち》のよい美《うつく》しく優《やさ》しい文化《ぶんか》のかけらもない、ロマンもやすらぎも何《なに》もない家庭《かてい》。

そしてやがて子供《こども》はそんな家《いえ》には居《い》たくなくて家出《いえで》をし、犯罪《はんざい》に走《はし》るようにな
ったりするのです。それは表面的《ひょうめんてき》には子供《こども》が勝手《かって》にグレたり、犯罪者《はんざいしゃ》になった
りしているように見《み》えますが、それは決《けっ》してそうではなく、実《じつ》は、親《おや》の全人格《ぜんじんかく》が
投影《とうえい》され表現《ひょうげん》されたものなのです。たとえばいくら富裕《ふゆう》な金持《かねも》ちであっても、
何《なん》にも文化《ぶんか》のかけらもない家庭《かてい》では、〈傲慢《ごうまん》〉〈怠惰《たいだ》〉〈イライラ〉〈喧嘩《けんか》〉〈口論《こうろん》〉
〈暴力《ぼうりょく》〉〈犯罪《はんざい》〉〈病気《びょうき》〉〈家出《いえで》〉のいずれかが必《かなら》ず起《お》こります。それを防《ふせ》ぐには
質《しつ》の高《たか》い文化《ぶんか》の力《ちから》を家庭《かてい》の中《なか》にとり入《い》れる以外《いがい》に方法《ほうほう》はありません。

家族《かぞく》の愛情《あいじょう》

家族《かぞく》の愛情《あいじょう》とは、共有《きょうゆう》して来《き》た時間《じかん》の中《なか》で起《お》きた喜怒哀楽《きどあいらく》の思《おも》い出《で》の積《つ》み重《かさ》ねにほかなりません。たとえ他人同士《たにんどうし》であってもそれがあれば〈家族《かぞく》〉です。本当《ほんとう》の〈家族《かぞく》〉とはそれなのです。それがない場合《ばあい》は、たとえ血縁関係者《けつえんかんけいしゃ》といえども〈ただの赤《あか》の他人同士《たにんどうし》〉です。

それなのに、ただ兄弟《きょうだい》だから親戚《しんせき》だからということだけで、「何《なに》か頂戴《ちょうだい》」、「ああして頂戴《ちょうだい》」、「こうして貰《もら》いたい」と、何《なに》かまるで世話《せわ》になったり援助《えんじょ》して貰《もら》うのが当《あ》たり前《まえ》だと思《おも》い込《こ》んでいる世間《せけん》の常識《じょうしき》ほど間違《まちが》ったバカげた考《かんが》えかたはありません。それは単《たん》に〈厚《あつ》かましい、図々《ずうずう》しい奴《やつ》〉というだけに過《す》ぎないのです。お互《たが》い成人《せいじん》に達《たっ》した以上《いじょう》は自分《じぶん》の生活《せいかつ》を守《まも》るだけで精一杯《せいいっぱい》なのです。

お互《たが》いに、虫《むし》のいい考《かんが》えの、図々《ずうずう》しい人間《にんげん》にはなりたくないものです。

親《した》しすぎる仲《なか》はトラブルの元《もと》

近所《きんじょ》のおばあさんやおじいさんまで、人《ひと》の私生活《しせいかつ》や、その家庭《かてい》の問題《もんだい》に首《くび》を突《つ》っ込《こ》んでくるようなホームドラマは見《み》ないことです。百害《ひゃくがい》あって一利《いちり》なしです。心温《こころあたた》まる物語《ものがたり》でもなんでもありません。あれは作《つく》りものです。相談《そうだん》されもしないのに、「どうしたんだ?」と他人《たにん》の生活《せいかつ》に口《くち》をはさむなんて、余計《よけい》なおせっかいです。それを聞《き》いてどうなるものでもない、一文《いちもん》の得《とく》になるわけでもないのに。交通事故《こうつうじこ》の見物《けんぶつ》渋滞《じゅうたい》と同《おな》じです。見《み》たがり聞《き》きたがりの野次馬根性《やじうまこんじょう》が多《おお》すぎます。それで親《した》しくなったと思《おも》うと、「俺《おれ》とお前《まえ》の仲《なか》じゃないか」なんて。私《わたし》の一番大嫌《いちばんだいきら》いな言葉《ことば》です。

そうしたことをするから、日常事件《にちえいじけん》のように家《いえ》や土地《とち》の保証人《ほしょうにん》になって全部《ぜんぶ》背負《せお》い込《こ》み、一家《いっか》が路頭《ろとう》に迷《まよ》うようなことが山《やま》ほど起《お》こるのです。

押の一手で

〝親《した》しき仲《なか》にも礼儀《れいぎ》あり〟で、六分《ろくぶ》は普段《ふだん》のお付《つ》き合《あ》いをするけれど、四分《よんぶ》の方《ほう》は距離《きょり》としておいておけば、断《ことわ》りやすいのです。選挙《せんきょ》のときの投票《とうひょう》も情実関係《じょうじつかんけい》で頼《たの》まれ、抜《ぬ》き差《さ》しならなくて困《こま》ることも悩《なや》むこともなく即座《そくざ》に断《ことわ》れます。「悪《わる》いけれど、それとこれとは別《べつ》です」というふうに。

ところが、腹八分《はらはちぶ》、腹九分《はらきゅうぶ》のつきあいをしていると、抜《ぬ》き差《さ》しならない情実《じょうじつ》関係《かんけい》を作《つく》ってしまっているわけですから、自分《じぶん》が望《のぞ》まない形《かたち》で保証人《ほしょうにん》になり、すべてをかぶってしまわなければならなくなり、首《くび》を吊《つ》らなければいけないような状態《じょうたい》になったりする。そういうケースを沢山《たくさん》見《み》てきました。それはたとえ相《あい》手《て》が親《おや》、兄弟《きょうだい》、親類《しんるい》、友人《ゆうじん》であってもです。

懇親会《こんしんかい》は懇憎会《こんぞうかい》

二次会《にじかい》三次会《さんじかい》は行《い》かぬが花《はな》。会社《かいしゃ》の人《ひと》とでも飲《の》みに行《い》ったり、懇親会《こんしんかい》をするのもほどほどにしておかないと、飲《の》み会《かい》に行《い》ったために「あの人《ひと》は酔《よ》うとこんなことを言《い》う」とか「本音《ほんね》が出《で》る」とか「あんな嫌《いや》な奴《やつ》だと思《おも》わなかった」とか言《い》われて、必《かなら》ずそれで失敗《しっぱい》するのです。

二次会《にじかい》、三次会《さんじかい》で「さあ、カラオケ大会《たいかい》に行《い》きましょう」とか「飲《の》み屋《や》へ行《い》って盛《も》り上《あ》がりましょう」とか、知的《ちてき》な会話《かいわ》や遊《あそ》びや洗練《せんれん》された社交《しゃこう》の方法《ほうほう》を、何《なに》ひとつ知《し》らない野卑《やひ》な後進国《こうしんこく》の日本人《にほんじん》はそればかりです。ちゃんとしたオーソドックスな社交《しゃこう》というものを知《し》らない人《ひと》が多《おお》すぎます。とにかく無礼講《ぶれいこう》で、破目《はめ》を外《はず》して、大声《おおごえ》上《あ》げてオダ上《あ》げて、ベタベタするのが人付《ひとづ》き合《あ》いだと思《おも》っているのです。

人付《ひとづ》き合《あ》いがまったくないというのも、それでは仕事《しごと》に差《さ》し支《つか》えるし、よそよそしいだけでは仕事《しごと》になりません。そして孤独《こどく》です。ですから、親《した》しさも六分《ろくぶ》くらい、相談《そうだん》に乗《の》ってくれと言《い》われれば乗《の》るくらいの温《あたた》かさは、まあ必要《ひつよう》です。

人徳《じんとく》

生《い》きている間《あいだ》に、他人《ひと》を苦《くる》しめ泣《な》かせた人《ひと》は、死《し》んだときには喜《よろこ》ばれ笑《わら》われます。

生《い》きているときに人《ひと》を喜《よろこ》ばせ笑《わら》わせた人《ひと》は、死《し》んだ時《とき》に惜《お》しまれ、泣《な》いて貰《もら》えます。いつまでも惜《お》しまれつづけます。

〈正《せい》〉と〈負《ふ》〉のバランス

〈負《ふ》〉もほどほどに、〈正《せい》〉もほどほどにしておかなければなりません。親《した》しくすること、親身《しんみ》になることが〈正《せい》〉であるとして、距離《きょり》をおいてよそよそしくすることが〈負《ふ》〉であるならば、〈負《ふ》〉を四分《よんぶ》くらいにして、親《した》しくするほうの〈正《せい》〉を六分《ろくぶ》くらいにしておけば、うまくいくのです。

そうすれば、前文《ぜんぶん》にもありましたように、自分《じぶん》の欠点《けってん》をあからさまに悟《さと》られることもなく、向《む》こうのイヤな面《めん》を見《み》ることもなく、お互《たが》いに被害《ひがい》にあったりあわせたりすることもない。人間《にんげん》としてのたしなみや尊厳《そんげん》や節度《せつど》をお互《たが》い保《たも》ちつづけて生《い》きていくことができるのです。

とかくこの世《よ》は住《す》みにくい

夏目漱石《なつめそうせき》が、『草枕《くさまくら》』でいいことを書《か》いています。

〝智《ち》に働《はたら》けば角《かど》が立《た》つ。情《じょう》に棹《さお》させば流《なが》される。意地《いじ》を通《とお》せば窮屈《きゅうくつ》だ。とかくに人《ひと》の世《よ》は住《す》みにくい〟と。

理屈《りくつ》ばかりでは冷《つめ》たがられ、喧嘩《けんか》になるし、情《じょう》に溺《おぼ》れれば非道《ひど》い目《め》にあうし、我《が》を張《は》り通《とお》せば皆《みんな》から煙《けむ》たがられ、仕事場《しごとば》でもプライベートでも生《い》きづらくなる、ということです。いいこと言《い》うじゃありませんか、ねえ、漱石《そうせき》の旦那《だんな》は。

◆気《き》をつけておくべきこと

一生《いっしょう》を無事息災《ぶじそくさい》に生《い》きる方法《ほうほう》

一《いち》、色情《しきじょう》
二《に》、飲食《いんしょく》（酒《さけ》、煙草《たばこ》、麻薬《まやく》も含《ふく》む）
三《さん》、金銭感覚《きんせんかんかく》・経済観念《けいざいかんねん》（賭事《かけごと》も含《ふく》む）
四《よん》、約束事《やくそくごと》（時間《じかん》、法規《ほうき》、法律《ほうりつ》も含《ふく》む）
五《ご》、対人関係《たいじんかんけい》（血縁者《けつえんしゃ》も含《ふく》め腹六分《はらろくぶ》）

以上《いじょう》を慎《つつし》むならば、一生平和《いっしょうへいわ》に無事過《ぶじす》ごせます。以上《いじょう》の事《こと》をどれでも守《まも》らなかった人《ひと》が皆《みな》、新聞沙汰《しんぶんざた》になり、人生《じんせい》の負《ま》け犬《いぬ》、敗残者《はいざんしゃ》となっています。

相手《あいて》に欲望《よくぼう》を感《かん》じたとき、この女《おんな》（男《おとこ》）に自分《じぶん》の一生《いっしょう》を棒《ぼう》に振《ふ》ってもよいと思《おも》うかどうか考《かんが》える習慣《しゅうかん》をつける事《こと》。若《わか》さと性的魅力《せいてきみりょく》を引《ひ》き算《ざん》して相手《あいて》を観《み》ることです。セックスに飽《あ》きたあとの結果《けっか》をまず最初《さいしょ》に思《おも》い描《えが》く習慣《しゅうかん》をつけることとです。どんなに若《わか》くて魅力的《みりょくてき》な肉体《にくたい》も、一年《いちねん》か二年《にねん》も経《た》てば飽《あ》きてくるし、五年《ごねん》も経《た》てばタダのオバサン、オジサンになるものです。

そんなものに自分《じぶん》のこれからの四十年《よんじゅうねん》、五十年《ごじゅうねん》の人生《じんせい》を犠牲《ぎせい》にしてもよいかどうかということです。一国《いっこく》の総理《そうり》や知事《ちじ》や判事《はんじ》や社長《しゃちょう》や芸能人《げいのうじん》などの有名人《ゆうめいじん》たちで、地位《ちい》や名誉《めいよ》や人気《にんき》を忽《たちま》ち無《な》くして人生《じんせい》の落伍者《らくごしゃ》として社会《しゃかい》から葬《ほうむ》られた人々《ひとびと》がどれほどいることでしょう。「あの人《ひと》も、この人《ひと》も…」と、すぐ思《おも》い浮《う》かべることのできる人《ひと》がずいぶん沢山《たくさん》いるはずです。エッチひとつで一生《いっしょう》を棒《ぼう》に振《ふ》った人《ひと》として歴史《れきし》に残《のこ》ったのですから、あるいはエライんですかネエ？

何《なに》かを得《え》れば何《なに》かを失《うしな》う、何《なに》かを失《うしな》えば何《なに》かを得《え》る

〈楽《らく》あれば苦《く》あり〉

怠《なま》けていれば何事《なにごと》も楽《らく》です。仕事《しごと》も勉強《べんきょう》も体《からだ》を動《うご》かすことも、頭《あたま》を使《つか》うこともせず、ひねもすノタリノタリしていればそれは楽《らく》です。しかしそのかわりに、無知無教養《むちむきょうよう》で何《なん》の技術《ぎじゅつ》も取《と》り柄《え》もなく、ロクな仕事《しごと》にもありつけず、お金《かね》は入《はい》ってきませんから、懐《ふところ》はいつも苦《くる》しくて、何《なに》ごとにも自信《じしん》が無《な》く、劣等感《れっとうかん》と不安《ふあん》感《かん》と欲求不満《よっきゅうふまん》と焦燥感《しょうそうかん》につきまとわれ困《こま》ります。体《からだ》を動《うご》かすのは面倒《めんどう》です。だからと云《い》って動《うご》かさなければ機能《きのう》は退化《たいか》します。運動不足《うんどうぶそく》で病気《びょうき》になります。醜《みにく》くたるみます。太《ふと》ります。

〈芸《げい》あれば楽《らく》あり〉

世《よ》の中《なか》の様々《さまざま》な学問《がくもん》、知識《ちしき》、教養《きょうよう》、技術《ぎじゅつ》を身《み》につけるのは辛抱強《しんぼうづよ》さと努力《どりょく》で

苦《くる》しいものです。でもその代《か》わりに、世《よ》の中《なか》の何《なに》を観《み》ても、どこへ行《い》っても、知《ち》識《しき》と技術《ぎじゅつ》があれば退屈《たいくつ》しませんし、そのうちのどれかで食《た》べていくことができますし、忙《いそが》しく、生《い》き甲斐《がい》と自分《じぶん》に対《たい》する信頼感《しんらいかん》と自信《じしん》に満《み》ち、得体《えたい》の知《し》れない不《ふ》安《あん》や劣等感《れっとうかん》や焦燥感《しょうそうかん》にも襲《おそ》われず、仕事《しごと》の可能性《かのうせい》も広《ひろ》がり、活《い》き活《い》きと充実《じゅうじつ》します。そして同《おな》じレベルの人《ひと》たちとの交際《こうさい》の輪《わ》も広《ひろ》がります。

過剰《かじょう》な運動《うんどう》はいけませんが、適当《てきとう》な運動《うんどう》ならば面倒《めんどう》くさくても動《うご》いた方《ほう》が健康《けんこう》で若々《わかわか》しくいられます。

食事《しょくじ》

美味《おい》しいものを好《す》きなだけ食《た》べ放題《ほうだい》、飲《の》み放題《ほうだい》していれば楽《たの》しいものです。しかし病気《びょうき》で苦《くる》しむ様《よう》になります。酒食《しゅしょく》も美味《おい》しいものほど毒《どく》になり、〝良薬《りょうやく》は口《くち》に苦《にが》し〟と申《もう》します。粗食《そしょく》でも、それほど美味《おい》しくなくても栄養《えいよう》のバランスを考《かんが》え、腹八分《はらはちぶ》で我慢《がまん》していれば病気《びょうき》で苦《くる》しむことはなくなります。

何度《なんど》も言《い》う必要《ひつよう》があるので、何度《なんど》もしつこく言《い》いますが、ちゃんとした食事《しょくじ》の代《か》わりに、お菓子《かし》やジャンクフードや飲料類《いんりょうるい》ばかりを飲食《いんしょく》している子供《こども》や大人《おとな》は、栄養失調《えいようしっちょう》で肉体《にくたい》だけでなく、精神状態《せいしんじょうたい》もおかしくなります。栄養《えいよう》のバランスはよほど注意《ちゅうい》しなければ肉体《にくたい》ばかりか精神《せいしん》までも病気《びょうき》にしてしまうのです。

母性愛《ぼせいあい》が乏《とぼ》しく、育児《いくじ》を放棄《ほうき》したり殺《ころ》したりする犯罪者《はんざいしゃ》の女性《じょせい》は、右脳《うのう》の中《なか》にマンガンが不足《ふそく》しているそうです。穀物《こくもつ》やひじきや青野菜《あおやさい》に多《おお》く含《ふく》まれるマンガンは、ホルモン分泌《ぶんぴ》を活性化《かっせいか》させる働《はたら》きをします。ウサギをマンガンなしの餌《えさ》で育《そだ》てると、子《こ》を育《そだ》てなくなることから、〈愛情《あいじょう》のビタミン〉とも呼《よ》ばれています。マンガン不足《ぶそく》は母性《ぼせい》や父性《ふせい》の喪失《そうしつ》につながると言《い》われているのです。

いつもイライラして、すぐにカッと怒《おこ》りっぽく、子供《こども》を虐待《ぎゃくたい》したり殺《ころ》したりする大人《おとな》は、亜鉛《あえん》、カルシウム不足《ぶそく》です。栄養失調者《えいようしっちょうしゃ》なのです。めんどうでもそれ等《ら》を補《おぎな》うように努力《どりょく》すればやがて治《なお》ります。

日常《にちじょう》の心得《こころえ》

人々《ひとびと》は、日常生活《にちじょうせいかつ》の中《なか》で起《お》きる様々《さまざま》な出来事《できごと》、つまり、恋《こい》や失恋《しつれん》や対人関係《たいじんかんけい》の出会《であ》いや離別《りべつ》、争《あらそ》いや孤独《こどく》、仕事《しごと》の成功不成功《せいこうふせいこう》、病気《びょうき》の有無《うむ》等々《などなど》、数《かぞ》え上《あ》げればキリがないほど、沢山《たくさん》の現象《げんしょう》に取《と》り囲《かこ》まれて生《い》きていますが、何故《なぜ》そういうことが起《お》きるのか、何故《なぜ》そうなってしまったのか、原因《げんいん》が何《なに》ひとつ解《わか》らないまま、流《なが》されて生活《せいかつ》しているのが実状《じつじょう》です。

人間《にんげん》の日常生活《にちじょうせいかつ》の中《なか》で、恋《こい》、愛《あい》、病《やまい》、苦《くるしみ》、災難《さいなん》、事故《じこ》、トラブル等《など》、喜怒哀《きどあい》楽《らく》の現象《げんしょう》が頻繁《ひんぱん》に起《お》こって来《き》ますが、それはそれなりに、以上述《いじょうの》べたように、何《なに》か原因《げんいん》があってそうなるものなのです。物事《ものごと》はすべて原因《げんいん》なしで結果《けっか》はあり得《え》ないのです。

その原因《げんいん》のひとつに、方位《ほうい》（風水《ふうすい》）とか、〈家相《かそう》〉、〈服相《ふくそう》〉、〈音相《おんそう》〉等《など》があります。

その人間《にんげん》が生《う》まれてこの方《かた》、大《おお》きく動《うご》いた方角《ほうがく》、また、旅行《りょこう》や日常《にちじょう》の動線《どうせん》によって生《しょう》じる、〈気《き》〉の影響《えいきょう》によって起《お》こる様々《さまざま》な現象《げんしょう》が、その人《ひと》の人生《じんせい》の出来《でき》事《ごと》を左右《さゆう》している場合《ばあい》が多《おお》いのです。


方位《ほうい》とか風水《ふうすい》とかいうものは、磁気《じき》エネルギーの放射《ほうしゃ》を浴《あ》びることによって起《お》きる現象《げんしょう》です。東西南北《とうざいなんぼく》の他《ほか》に多《おお》くの方位《ほうい》、ざっと大雑把《おおざっぱ》に言《い》っても八方位《はっぽうい》があります。それがその人《ひと》その人《ひと》の生《う》まれた生年月日《せいねんがっぴ》によって、天体《てんたい》の星《ほし》や地球《ちきゅう》そのものの土地《とち》から放出《ほうしゅつ》されている磁気《じき》エネルギーが合体《がったい》して、その人間《にんげん》に活力《かつりょく》を与《あた》える〈＋《プラス》〉の燃料資源《ねんりょうしげん》になったり、害毒《がいどく》を及《およ》ぼす〈－《マイナス》〉の猛毒性《もうどくせい》の放射能《ほうしゃのう》になったりするのです。

たとえば、自分《じぶん》にとって悪《わる》い時期《じき》に南《みなみ》の方角《ほうがく》へ行《い》って、その磁気《じき》を浴《あ》びると、頭《あたま》が痛《いた》い病気《びょうき》になったり、別《わか》れたくない人《ひと》と別《わか》れるような喧嘩《けんか》をしたり等《など》の現《げん》象《しょう》が起《お》きたりします。成田離婚《なりたりこん》といわれている現象《げんしょう》は多《おお》くの場合《ばあい》これです。西《にし》が悪《わる》い時《とき》には、胸《むね》を患《わずら》ったり、お金《かね》のことで嫌《いや》なことが起《お》きたり、酒席《しゅせき》で争《あらそ》いごとが起《お》きたりします。

そういう時《とき》に、「あっ、これは方位《ほうい》の現象《げんしょう》でこういうことが起《お》きたんだな」と、気《き》がつき、見破《みやぶ》ることができれば、むやみに落《お》ち込《こ》んだり、悩《なや》んだり、慌《あわ》てふためくことにならなくてすむのです。今度《こんど》はそれを逆《ぎゃく》に利用《りよう》して、快方《かいほう》に向《む》かう方《ほう》位《い》を活用《かつよう》する方法《ほうほう》をとればよいのですから。

ただし、それに振《ふ》り回《まわ》されてはいけません。悪《わる》い方角《ほうがく》だからといって、仕事《しごと》なのに断《ことわ》って行《い》かなかったりすると、この世《よ》では生《い》きていけなくなります。

ですから、それ等《ら》はあくまでも〈理知的《りちてき》〉に、予備知識《よびちしき》として心得《こころえ》ておけばよいということです。しかし風水《ふうすい》も方位学《ほういがく》の学問《がくもん》も多《おお》くの流派《りゅうは》に分《わ》かれていて、それぞれ主張《しゅちょう》が異《こと》なりますので、一番良《いちばんよ》いのは、色々《いろいろ》な流派《りゅうは》のものを自分《じぶん》で研究《けんきゅう》してみた上《うえ》で結果《けっか》を自分《じぶん》のものにすることをおすすめします。

参考《さんこう》までに申《もう》しておきますと、悪《わる》い方角《ほうがく》へどうしても行《い》かなければならぬ時《とき》には、可能《かのう》な限《かぎ》り赤《あか》いものを身《み》につけて行《い》くことをおすすめします。男性《だんせい》の場合《ばあい》、表面的《ひょうめんてき》に無理《むり》であれば下着《したぎ》だけは上下《うえした》とも赤《あか》にするとか、女性《じょせい》であれば赤《あか》づくめとかにすれば、大難《だいなん》も小難《しょうなん》にすることができます。

ちなみに〈服相《ふくそう》〉とは、身《み》につける服装《ふくそう》や小物《こもの》などの色《いろ》や形《かたち》から来《く》る、吉凶《きっきょう》の〈気《き》〉です。服装《ふくそう》や持《も》ち物《もの》などの相《そう》が色《いろ》も形《かたち》も下品《げひん》な凶相《きょうそう》であれば、恋愛《れんあい》も仕事《しごと》も、気力《きりょく》も何《なに》もかも悪《わる》いことしか起《お》きません。福相《ふくそう》であればその反対《はんたい》の良《よ》いことばかりが起《お》こります。

身《み》のまわりに日常的《にちじょうてき》に、耳《みみ》をはじめ身体《からだ》に響《ひび》いて来《き》ている、音波《おんぱ》の波動《はどう》による音楽《おんがく》やノイズも同《おな》じ力《ちから》で人間《にんげん》の運勢《うんせい》に多大《ただい》な影響《えいきょう》を及《およ》ぼします。それを〈音相《おんそう》〉と言《い》います。出来《でき》れば上品《じょうひん》な福々《ふくぶく》しい吉相《きっそう》の音《おと》に包《つつ》まれて生活《せいかつ》していたいものです。

もっと分《わ》かりやすく言《い》えば、ちょっと見《み》たり聞《き》いたりした時《とき》に、直感的《ちょっかんてき》に、「汚《きたな》い、暗《くら》い、むさくるしい、臭《くさ》い、どす黒《ぐろ》い、嫌《いや》ァな感《かん》じ、ドブネズミっぽい」

このような服装《ふくそう》とか、「騒々《そうぞう》しい、やかましい、けたたましい、耳《みみ》に突《つ》き刺《さ》さりそうな音《おと》や声《こえ》、甲高《かんだか》い、うるさい、うざい、いらいらする、猛々《たけだけ》しい気分《きぶん》になる」

こういう種類《しゅるい》の音《おと》は凶相《きょうそう》です。あなたの肉体《にくたい》や精神《せいしん》や運勢《うんせい》に大変悪《たいへんわる》い影響《えいきょう》を与《あた》えます。気《き》をつけましょう。

色《いろ》

なるべく上品《じょうひん》で、優《やさ》しく、優雅《エレガンス》で、柔《やわ》らかく、明《あか》るい〈美《うつく》しい色《いろ》〉を着《き》るようにしてください。また、美《うつく》しい色《いろ》の自然色《しぜんしょく》の建造物《けんぞうぶつ》（部屋《へや》）の中《なか》で生活《せいかつ》するようにしてください。

色《いろ》は〈波動《はどう》〉です。この世《よ》の中《なか》、なにもかもが波動《はどう》で出来《でき》ています。悪《わる》い波動《はどう》を浴《あ》びている人《ひと》は、すべてがどんどん悪《わる》くなって、顔《かお》も心《こころ》も性格《せいかく》も身体《からだ》も、運《うん》も、暗《くら》くなったり不様《ぶざま》になったりします。

〈黒《くろ》〉〈灰色《はいいろ》〉、これはマイナス〈負《ふ》〉の色《いろ》です。お葬式《そうしき》の時《とき》の喪服《もふく》というのは黒《くろ》が基調《きちょう》です。〈黒《くろ》〉は〈厳粛《げんしゅく》〉〈闇《やみ》〉〈絶望《ぜつぼう》〉〈死《し》〉〈悲《かな》しみ〉〈恐怖《きょうふ》〉などを表現《ひょうげん》するのです。一周忌《いっしゅうき》には灰色《グレイ》のものを着《き》ます。灰色《グレイ》は〈不安《ふあん》〉〈憂鬱《ゆううつ》〉〈悩《なや》み苦《くる》しみ〉〈無気力《むきりょく》〉などを表《あらわ》します。

たとえば花《はな》などの、自然界《しぜんかい》で〈活《い》き活《い》きと〉しているもので〈黒《くろ》〉と〈灰色《グレイ》〉のものをご覧《らん》になったことがありますか？　黒《くろ》い花《はな》、灰色《はいいろ》の花《はな》、そのようなものはこの世《よ》にはないのです。

ですから、「活《い》き活《い》きしたくない」とか、「死《し》にたい」とか、「不安《ふあん》になりたい」とお考《かんが》えの方《かた》は、どうぞ〈黒《くろ》〉や〈灰色《グレイ》〉のものをいつもお召《め》しになってください。どんどん運《うん》が悪《わる》くなります。男《おとこ》にも女《おんな》にもモテません。仕事《しごと》も金《かね》もプライベートも、やることなすこと全部《ぜんぶ》うまくいきません。

お寺《てら》のお坊《ぼう》さんやサラリーマンの人《ひと》のように、黒《くろ》っぽいもの、ドブネズミ色《いろ》のものを着《き》るときには、下《した》に白《しろ》いワイシャツを着《き》たり、白《しろ》い襟《えり》を付《つ》けるとか、肌着《はだぎ》に真赤《まっか》を用《もち》いるとか、アクセサリーをあしらうなどして〈負《ふ》〉の色《いろ》と〈正《せい》〉の色《いろ》のバランスをとり、マイナスのエネルギーをなるべく減《へ》らすようにするとよいのです。

〈ベージュ〉や〈ベビーピンク〉などのパステル調《ちょう》のソフトな色《いろ》あいのもの、これは逆《ぎゃく》に〈正《せい》〉の色《いろ》なのです。こういった色《いろ》を身《み》につけていると、どんどん運気《うんき》が上《あ》がります。人間《にんげん》は二十五歳《さい》を過《す》ぎますと肌《はだ》がだんだんくすんできます。くすんだ肌《はだ》の上《うえ》にくすんだ色《いろ》のものを着《き》ていると、「ああ、この人《ひと》の前世《ぜんせ》はきっと〈雑巾《ぞうきん》〉だったんだろうな」と思《おも》われることになります。

建物《たてもの》もコンクリートの打《う》ちっぱなしのような〈灰色《グレイ》〉一色《いっしょく》の所《ところ》にはなるべく長居《ながい》はしないようにしなければいけません。神経的《しんけいてき》にも運勢的《うんせいてき》にも怖《こわ》いことになります。

グレイも白《しろ》っぽいグレイなら結構《けっこう》ですが、本当《ほんとう》のドブネズミ色《いろ》や、ましてや

〈全身黒《ぜんしんくろ》づくめ、アクセサリーなし〉というのは、「どんどん、すべてにおいて不《ふ》幸《こう》になりたい、縁起《えんぎ》の悪《わる》い貧乏神《びんぼうがみ》の塊《かたまり》のように、不幸《ふこう》になりたくてなりたくてしようがない」という人《ひと》だけにおすすめです。

〈黒《くろ》〉や〈灰色《グレイ》〉以外《いがい》の色《いろ》ならば、〈茶系《ちゃけい》〉でも〈緑系《みどりけい》〉でも何《なん》でも結構《けっこう》です。

家《いえ》を建《た》てるときは

ご自分《じぶん》の住《す》まいをお建《た》てになるときにも《正負《せいふ》の法則《ほうそく》》を頭《あたま》に入《い》れておくとよいでしょう。誰《だれ》でも大《おお》きなお屋敷《やしき》に住《す》みたいですし、贅沢《ぜいたく》もしたい。でも、家《いえ》を建《た》てるときは、そこそこの家《いえ》にして、「あそこが足《た》りない、ここも足《た》りない」という家《いえ》を造《つく》って我慢《がまん》しておくことです。

実名《じつめい》を出《だ》すのは憚《はばか》られますが、さまざまな有名人《ゆうめいじん》が豪勢《ごうせい》なお屋敷《やしき》を建《た》てたばかりに、不幸《ふこう》に襲《おそ》われているのを枚挙《まいきょ》にいとまがないくらい私《わたし》は知《し》っています。新《しん》聞記事《ぶんきじ》の不幸《ふこう》な出来事《できごと》も、家《いえ》を建《た》てたり新《あたら》しくしたりしたばかりだとか、建《た》てて五年以内《ねんいない》だったとかのお宅《たく》の事件《じけん》が多《おお》いのです。

若《わか》さと老《お》い

若《わか》さからくるピチピチした可愛《かわ》いさ、美《うつく》しさ、幼《おさな》さを売《う》り物《もの》の人《ひと》たちは、三十を過《す》ぎ、若《わか》さを引《ひ》き算《ざん》したら残《のこ》りは何《なに》が残《のこ》るのでしょう。三十なんてあっという間《ま》に襲《おそ》ってくるものなのです。

巨乳《きょにゅう》は大《おお》きいほど、若《わか》いうちは男《おとこ》たちに求《もと》められ性的魅力《せいてきみりょく》がありますが、年《とし》とともに、重《おも》ければ重《おも》いほど、おへその方《ほう》まで垂《た》れて来《き》て何《なに》やら得体《えたい》の知《し》れない醜悪《しゅうあく》な物体《ぶったい》になり下《さ》がるものです。やがてしわも寄《よ》ってきます。どうしましょう。

でも、小《ちい》さい人《ひと》はそれほどまでにはなりません。被害《ひがい》もほどほどですみます。

宝石《ほうせき》は老《お》いてから

女性《じょせい》が宝石《ほうせき》を手《て》に入《い》れる頃《ころ》というのは、もう老《お》いてしまってからです。若《わか》さを失《うしな》ったからそのかわりに宝石《ほうせき》を手《て》に入《い》れられるのです。

若《わか》いうちにティファニーだなんだと言《い》って宝石《ほうせき》をつけても似合《にあ》わないし、また手《て》に入《はい》らなくて当《あ》たり前《まえ》です。若《わか》い女《おんな》の子《こ》が本物《ほんもの》の大《おお》きな宝石《ほうせき》なんか付《つ》けていてごらんなさい、それは必《かなら》ず不幸《ふこう》を招《まね》きます。どんな不幸《ふこう》がおとずれるか、それは人《ひと》それぞれだけれど、大《おお》きな不幸《ふこう》がやって来《き》ます。

若《わか》さを失《うしな》い、年《とし》をとって醜《みにく》くなるから、逆《ぎゃく》にその見返《みかえ》りとして宝石《ほうせき》が手《て》に入《はい》るような生活状態《せいかつじょうたい》になるし、また、《正負《せいふ》の法則《ほうそく》》としてそれが許《ゆる》されるということです。若《わか》いうちはアクセサリー程度《ていど》ならよいけれど、大《おお》きな宝石《ほうせき》をつけたがったり、うらやましがったりするものではありません。不幸《ふこう》や命《いのち》と引《ひ》き換《か》える覚悟《かくご》があればよいですが。

KENTARO

KENTARO

両性《りょうせい》を兼《か》ね備《そな》える努力《どりょく》を

男性《だんせい》があんまり男《おとこ》らしすぎると、神経《しんけい》がチリチリして、被害妄想《ひがいもうそう》になり、臆《おく》病《びょう》で神経質《しんけいしつ》、劣等感《れっとうかん》が強《つよ》いというふうになってしまいます。また、女《おんな》っぽい男性《だんせい》は図々《ずうずう》しくて、厚《あつ》かましくて、「矢《や》でも鉄砲《てっぽう》でも持《も》って来《こ》い」と、いうふうになってしまいます。私《わたし》のように。

また、最近《さいきん》の若《わか》い女性《じょせい》は女丸出《おんなまるだ》しになってしまい、開《ひら》き直《なお》って恥知《はじし》らず、ヤング・オバタリアンとでも言《い》うしかない娘《むすめ》ばかり。あれは〈女《おんな》一〇〇パーセント〉だからなのです。もともと女性《じょせい》というのは強《つよ》くて世《よ》にはばかる生《い》き物《もの》ですから。

やはり女性《じょせい》も、男性《だんせい》のひ弱《よわ》な、繊細《せんさい》な部分《ぶぶん》、ちょっとコンプレックスを持《も》っているようなおずおずとしたところと、女《おんな》の図太《ずぶと》さ、生命力《せいめいりょく》の強《つよ》さ、神経《しんけい》の太《ふと》いところ、度胸《どきょう》のすわっているところ、その両方《りょうほう》を、ほどほどに兼《か》ね備《そな》えるように意識《いしき》して、努力《どりょく》をしないといけません。

女《おんな》と男《おとこ》のどちらが〈正《せい》〉とも〈負《ふ》〉ともいえませんが、陰陽《いんよう》の法則《ほうそく》、つまり《正負《せいふ》の法則《ほうそく》》に則《のっと》ってバランスをとる努力《どりょく》をすべきなのです。

女《おんな》に学《まな》べ

ご苦労《くろう》なさっている、中小企業《ちゅうしょうきぎょう》のおじさんたちも、女性《じょせい》の強《つよ》さを取《と》り入《い》れ、もう少《すこ》し図々《ずうずう》しく開《ひら》き直《なお》れば、自殺《じさつ》するようなことはないでしょう。女《おんな》に学《まな》べということです。

そうした男《おとこ》らしい神経《しんけい》を持《も》ったおじさんたちは、ゲイバーにでも勤《つと》めて、ニューハーフになる勉強《べんきょう》でもしたらいかがなものでしょうか？　なぜなら、ニューハーフの中《なか》には根性《こんじょう》の弱《よわ》いのなんて誰《だれ》もいませんから。それも強《つよ》く生《い》きてゆくための一《ひと》つの方法《ほうほう》だと思《おも》います。

富《とみ》の還元《かんげん》は自分《じぶん》を救《すく》う

ある会社経営者《かいしゃけいえいしゃ》は、跡取《あとと》りの子供《こども》もいないのに、欲《よく》をかいて自分《じぶん》の会社《かいしゃ》を年《ねん》商《しょう》何百億《なんびゃくおく》までもっていきました。それはよいですが、その富《とみ》をいったいどうするのでしょう。

自分《じぶん》ひとりが暮《く》らすのなら、そこそこあればいいではないですか。それを、もっと増《ふ》やそう、もっと増《ふ》やそうと利益《りえき》を増《ふ》やして、死《し》んでしまったらあの世《よ》にどうやって持《も》って行《い》くのでしょうか。赤《あか》の他人《たにん》の奥《おく》さんか、その親類縁者《しんるいえんじゃ》か、ともかくよその別《べつ》な人間《にんげん》にそっくりそのまま持《も》って行《い》かれてしまうのです。骨折《ほねお》り損《ぞん》のくたびれ儲《もう》けです。

人《ひと》にケチだとか悪口《わるくち》を言《い》われ、せっかくの人生《じんせい》を後暗《うしろぐら》い思《おも》いをどこかに曳《ひ》きずりながら生《い》きてためこむよりは、人々《ひとびと》にも還元《かんげん》して、それ相当《そうとう》のことをやってあげて喜《よろこ》ばれるようにしておけば、社会《しゃかい》のためにもなるし、自分《じぶん》もいつも晴《は》れ晴《ば》れとしたいい気持《きも》ちだし、それは結局《けっきょく》《正負《せいふ》の法則《ほうそく》》に則《のっと》っているから、長生《ながい》きもできるし、人《ひと》に好《す》かれて孤独《こどく》にもならなくて、精神的《せいしんてき》にも充実感《じゅうじつかん》を味《あじ》わえるのです。

そういうことが、もうそろそろ日本人《にほんじん》の経営者《けいえいしゃ》たちの中《なか》に定着《ていちゃく》すべきだと、世《よ》の中《なか》の人々《ひとびと》が意識《いしき》しなければいけない時期《じき》にさしかかっていると思《おも》います。

お金《かね》

お金《かね》は〈正《せい》〉だけ、と思《おも》われていますが、そうはいきません。お金《かね》も入《はい》って来《き》たときは〈正《せい》〉であり、出《で》て行《い》くときは〈負《ふ》〉に変《か》わるのです。

お金《かね》は人《ひと》と人《ひと》を引《ひ》き寄《よ》せもすれば、引《ひ》き離《はな》しもする魔力《まりょく》を持《も》っています。それが例《たと》え血《ち》のつながりのあるなしに関《かか》わらずです。

お金《かね》はその人の人品骨柄《じんぴんこつがら》、愛情《あいじょう》の度合《どあ》いを計《はか》る機械《きかい》です。受《う》け取《と》る側《がわ》も与《あた》える側《がわ》も。

たとえ貧《まず》しい三畳一間《さんじょうひとま》の部屋《へや》でも、それなりに清潔《せいけつ》に、美《うつく》しいロマンに満《み》ちた、上品《じょうひん》なインテリアの部屋《へや》に居住《きょじゅう》し、優美《ゆうび》な音楽《おんがく》を聴《き》き、書物《しょもつ》や美術《びじゅつ》に親《した》しみ、適宜《てきぎ》なスポーツで身体《からだ》を動《うご》かし、値段《ねだん》の高《たか》い安《やす》いに関《かか》わらず、たしなみのよい服装《ふくそう》をする人間《にんげん》は、年齢性別《ねんれいせいべつ》に関係《かんけい》なく〈世《よ》にも美《うつく》しい人《ひと》〉が出来上《できあ》がります。

お金《かね》はそういう人《ひと》の所《ところ》へ集《あつ》まりたがります。

〈世《よ》にも醜《みにく》い人《ひと》〉になりたければそれと反対《はんたい》の事《こと》をすればよろしい。どれか一《ひと》つその条件《じょうけん》から外《はず》れてもそうなります。

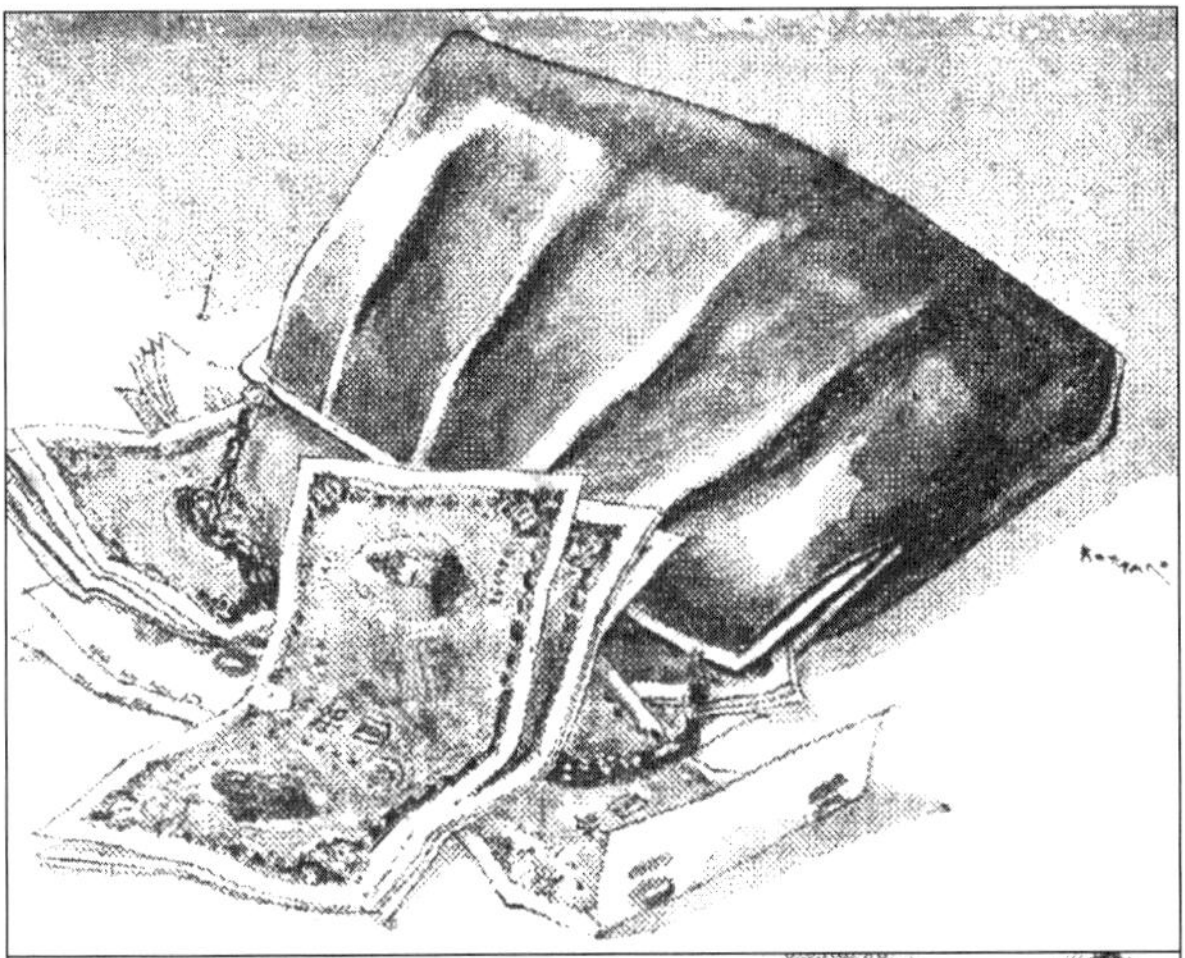

好《す》きな事《こと》をしてお金《かね》を貰《もら》えるのは、よほど稀《まれ》な人《ひと》だけです。その人《ひと》でさえ、蔭《かげ》では物凄《ものすご》い努力《どりょく》と血《ち》の涙《なみだ》と汗《あせ》を流《なが》しているのです。世《よ》に名《な》を残《のこ》す人《ひと》は皆例外《みなれいがい》ではありません。楽《らく》をしながら好《す》きなことをしてお金《かね》を得《え》ようと思《おも》っていることは図々《ずうずう》しいのです。そんなことはこの世《よ》では許《ゆる》されません。

世《よ》の人々《ひとびと》は娼婦《しょうふ》や娼夫《しょうふ》をやみくもに軽蔑《けいべつ》しますが、娼婦《しょうふ》がなぜ法外《ほうがい》な代金《だいきん》を貰《もら》えるかということには、それだけの理《ことわり》があるのです。蛙《かえる》や蛇《へび》や毛虫《けむし》のように、見《み》るだにさわるだに鳥肌《とりはだ》が立《た》つほどオゾましいような人間《にんげん》に、自分《じぶん》の一番感《いちばんかん》じやすい、愛《あい》するものにだけしか触《ふ》れさせたくない身体《からだ》を撫《な》でられ、なめられ、いじりまわされ、交《まじ》わわされるという地獄《じごく》の責苦《せめく》を耐《た》え忍《しの》ぶからこそなのです。その代償《だいしょう》として、だからこそそれなりの金《かね》を受《う》け取《と》る権利《けんり》があるのです。好《す》きなタイプの人間《にんげん》とセックスできてお金《かね》まで貰《もら》おうというのは虫《むし》が良《よ》すぎます。《正負《せいふ》の法《ほう》則《そく》》に反《はん》しています。何《なん》らかの大《おお》きなツケがやがてやって来《き》ます。

CHIAKI

鏡花《きょうか》の主人公《しゅじんこう》たちに学《まな》ぶ

終戦後《しゅうせんご》、日本人《にほんじん》はとにかく一生懸命《いっしょうけんめい》働《はたら》いてきました。食《た》べるために働《はたら》いて働《はたら》いて、働《はたら》かない者《もの》は食《た》べる資格《しかく》がないと言《い》われてきました。質《しつ》とか内容《ないよう》などはどうでもよくて、あらゆる世界《せかい》で数字《すうじ》だけが神《かみ》さまになってしまいました。発行部《はっこうぶ》数《すう》、視聴率《しちょうりつ》、売上枚数《うりあげまいすう》、動員記録《どういんきろく》、上演回数《じょうえんかいすう》、利幅《りはば》、スポーツの記録《きろく》も芸術《げいじゅつ》も何《なに》もかもが「数字《すうじ》、数字《すうじ》」、数字《すうじ》が一番《いちばん》になってしまったのです。

しかし、もうそれだけではなくて、〝武士《ぶし》は食《く》わねど高楊枝《たかようじ》〟ということわざにもあるように、精神性《せいしんせい》を重《おも》んずるということに価値《かち》を見出《みいだ》す時代《じだい》になってもよいでしょう。〝襤褸《ぼろ》は着《き》てても心《こころ》は錦《にしき》〟という言葉《ことば》もあります。

そういう意味《いみ》では、泉《いずみ》鏡花《きょうか》の小説《しょうせつ》に登場《とうじょう》する主人公《しゅじんこう》たちは、実《じつ》に粋《いき》でいなせで、義理人情《ぎりにんじょう》に則《のっと》り、自分《じぶん》のプライドも持《も》っていて、〈きりりしゃん〉とした姿《し》勢《せい》で、大地《だいち》にスックと立《た》っている。『シラノ・ド・ベルジュラック』の中《なか》の台詞《せりふ》、〝帽子《ぼうし》の羽根《はね》は男《おとこ》の心意気《こころいき》だ〟というのと同《おな》じように。

それは美学《びがく》です。〝腹《はら》がへってもひもじゅうない〟ということです。「腹《はら》がへったら、みっともなくてもよいから、なりふりかまわず食《く》い物《もの》を手《て》に入《い》れた方《ほう》が勝《か》ち」という、戦時中《せんじちゅう》から戦後《せんご》を経《へ》てきたこれまでの価値観《かちかん》を変《か》えていかなくてはなりません。

ですから、今《いま》の若《わか》い人《ひと》たちにもわかるように、鏡花《きょうか》のあの素敵《すてき》な文章《ぶんしょう》を、美《うつく》しさを失《うしな》わないいまま、現代語《げんだいご》に訳《やく》して下《くだ》さる作家《さっか》の方《かた》がいらしてもよろしかろうと思《おも》います。瀬戸内寂聴《せとうちじゃくちょう》さんの『源氏物語《げんじものがたり》』のように。

マスコミ不景気《ふけいき》

今《いま》、世《よ》の中《なか》は不景気風《ふけいきかぜ》が吹《ふ》き荒《あ》れています。あらゆるマスメディアが絶望的《ぜつぼうてき》な論調《ろんちょう》で煽《あお》り立《た》てています。そう、煽《あお》り立《た》てているのです。そのために不景気《ふけいき》にならなくてもよいのに不景気《ふけいき》になってしまったのです。本当《ほんとう》の不景気《ふけいき》ではないのですから。

なぜなら、一四〇〇兆円《ちょうえん》という国民《こくみん》の預金高《よきんだか》があるのです。それが動《うご》かないだけなのです。お金《かね》はあるのです。お金《かね》が動《うご》かなくなった理由《りゆう》は、阪神大震災《はんしんだいしんさい》をきっかけに五パーセントの消費税《しょうひぜい》の値上《ねあ》げが冷水《れいすい》を浴《あ》びせかけて凍《こお》りつくようにしたりなどと、いくつかの原因《げんいん》はありますが、何《なに》にもまして拍車《はくしゃ》をかけたのが、テレビ、新聞《しんぶん》、週刊誌《しゅうかんし》等々《などなど》のマスメディアの煽《あお》り記事《きじ》です。

〈悪意《あくい》〉〈そねみ〉〈妬《ねた》み〉〈ひがみ〉〈不安《ふあん》〉これらの分子《ぶんし》だけで構成《こうせい》された報道《ほうどう》

内容《ないよう》にすれば、人々《ひとびと》が付和雷同《ふわらいどう》し、驚《おどろ》き慌《あわ》て、視聴率《しちょうりつ》も上《あ》がれば、発行部数《はっこうぶすう》も伸《の》びると、小賢《こざか》しく計算《けいさん》した結果《けっか》なのです。ところが、その結果《けっか》は狼少年《おおかみしょうねん》の嘘《うそ》と同《おな》じで、自分《じぶん》で自分《じぶん》の首《くび》を絞《し》めることになったのです。

まず、不景気《ふけいき》になれば広告費《こうこくひ》が一番先《いちばんさき》に削《けず》られるのです。CMや広告料《こうこくりょう》を収入源《しゅうにゅうげん》にしている、テレビ、雑誌《ざっし》、新聞《しんぶん》などはやりくりが大変《たいへん》になります。バカですね。その結果《けっか》、〈嘘《うそ》から出《で》た真実《まこと》〉で、本物《ほんもの》の不景気《ふけいき》になってしまったのです。

今《いま》の不景気《ふけいき》は名《な》づけて〈マスコミ不景気《ふけいき》〉と、申《もう》します。

元来《がんらい》、マスメディアの本質《ほんしつ》は〈理知《りち》と教養《きょうよう》〉〈冷静沈着《れいせいちんちゃく》〉で、あらゆる場合《ばあい》に中立《ちゅうりつ》であるべきなのです。

ですから、たとえば新聞《しんぶん》の場合《ばあい》、左《ひだり》の頁《ページ》に凶々《まがまが》しい記事《きじ》を載《の》せたら、右《みぎ》の頁《ページ》は〈吉事《きちじ》・善事《ぜんじ》〉を載《の》せるべきなのです。

この世《よ》の中《なか》、損《そん》して倒産《とうさん》の会社《かいしゃ》ばかり、殺人《さつじん》、暴行《ぼうこう》、凶行《きょうこう》、詐欺《さぎ》、放火《ほうか》ばかりではないのです。

心温《こころあたた》まる善《よ》い話《はなし》や、堅実《けんじつ》に儲《もう》かっている店《みせ》や企業《きぎょう》も山《やま》ほどあるのです。この世《よ》には《正負《せいふ》の法則《ほうそく》》があるのです。

これに気《き》づいて、マスメディアが心《こころ》を入《い》れ替《か》えて、感情的《かんじょうてき》で下劣《げれつ》な記事《きじ》ばかりではなく、冷静《れいせい》で品性《ひんせい》の良《よ》い〈吉事《きちじ》・善事《ぜんじ》〉の記事《きじ》も同《おな》じ分量《ぶんりょう》で扱《あつか》うようになれば、人々《ひとびと》もいわれのない不安《ふあん》から解放《かいほう》され、理性《りせい》を取《と》り戻《もど》し、不景気《ふけいき》も解消《かいしょう》されるのです。

実《じっ》はマスコミが不景気《ふけいき》の元凶《げんきょう》だったということなのです。

CHIAKI

第四章《だいよんしょう》　すべてを手《て》に入《い》れてしまったら

金《きん》ピカの刑務所《けいむしょ》

世《よ》の人々《ひとびと》は王侯貴族《おうこうきぞく》にあこがれます。若《わか》い娘《むすめ》たちはシンデレラ願望《がんぼう》があります。どこへ行《い》っても手厚《てあつ》くもてなされ、富《とみ》と名誉《めいよ》を手《て》にしています。しかしそれとひきかえに、人《ひと》としての全《すべ》ての自由《じゆう》を失《うしな》います。一生《いっしょう》のスケジュールは関係各庁《かんけいかくちょう》の他人《たにん》によって定《さだ》められ、ファッションも遊《あそ》びも交友関係《こうゆうかんけい》も恋愛《れんあい》も娯楽《ごらく》も全《すべ》ての行動《こうどう》も制約《せいやく》され、一生《いっしょう》の間《あいだ》、個人《こじん》の自由《じゆう》は許《ゆる》されません。今《いま》は自由《じゆう》になったとはいえ、カメラマンやジャーナリストたちに追《お》われます。金《きん》ピカの牢獄《ろうごく》に収監《しゅうかん》されて一生《いっしょう》を終《お》えるのです。

皆《みな》さんはどちらを選《えら》びますか？

王《おう》たちには自由《じゆう》がない

特《とく》に皇室《こうしつ》や王室《おうしつ》などは、〈帝王学《ていおうがく》〉もあるように、国民《こくみん》の模範的《もはんてき》家族《かぞく》でなければばなりません。だから〈帝王《ていおう》〉というのは、父《ちち》として、親《おや》として、夫《おっと》として理想《りそう》の人間《にんげん》でなければいけないのです。〈后《きさき》〉というのは絵《え》に描《か》いたような良妻賢母《りょうさいけんぼ》の見本《みほん》でなければいけない。王子《おうじ》も王女《おうじょ》も、皇女《こうじょ》も皇太子《こうたいし》も、よき息子《むすこ》、よき兄弟《きょうだい》の見本《みほん》でなければならない。そうでない場合《ばあい》には存在理由《そんざいりゆう》がなくなります。

パチンコ屋《や》に行《い》きたいとか、急《きゅう》にゴルフに行《い》きたいとか、寄席《よせ》に行《い》きたいとか、ショッピングで気晴《きば》らしをしたいとか言《い》ってもできませんし、エッチなビデオを見《み》ることもできない。友達《ともだち》にちょっと電話《でんわ》して、噂話《うわさばなし》をしたり、一緒《いっしょ》に旅行《りょこう》に行《い》ったりもできない。男《おとこ》の人《ひと》の場合《ばあい》、ソープランドへ行《い》くわけにもいかない。銀《ぎん》座《ざ》あたりで呑《の》んだりもできない。ですから、人《ひと》としてのあらゆる自由《じゆう》を全部失《ぜんぶうしな》うということなのです。

ですから、シンデレラはかわいそうなのです。むしろ、意地悪《いじわる》なお姉《ねえ》さんたちの方《ほう》が幸《しあわ》せです。王室《おうしつ》に入《はい》れないということが。

Tad-

美女《びじょ》たちの宿命《しゅくめい》

世界《せかい》の歴史《れきし》の中《なか》で、超弩級《ちょうどきゅう》の美人《びじん》だった人《ひと》は、その美形度《びけいど》の度数《どすう》が上《あ》がれば上《あ》がる程《ほど》、《正負《せいふ》の法則《ほうそく》》でそれに見合《みあ》っただけの悲惨《ひさん》な人生《じんせい》を送《おく》っています。

クレオパトラも楊貴妃《ようきひ》も、小野小町《おののこまち》にしろ、ローラ・モンテスもエンマ・ハミルトンもグレタ・ガルボもヴィヴィアン・リーもエリザベス・テーラーもグレース・ケリーも、たび重《かさ》なる心労《しんろう》、病気《びょうき》、大手術《だいしゅじゅつ》、孤独《こどく》、波乱万丈《はらんばんじょう》、哀《あわ》れな死《し》。なまじ美人《びじん》に生《う》まれたばっかりにそれに釣《つ》り合《あ》う代償《だいしょう》を払《はら》わされる破目《はめ》になるのです。

高《たか》い所《ところ》へ登《のぼ》った人《ひと》ほど、落《お》ちた時《とき》には大怪我《おおけが》か即死《そくし》です。低《ひく》い所《ところ》にしか登《のぼ》れなかった人《ひと》は落《お》ちてもせいぜい軽《かる》いカスリ傷《きず》か怪我《けが》くらいですむのです。

それが《正負《せいふ》の法則《ほうそく》》ですから仕方《しかた》がありません。

ですから、「まあまあどうにか見《み》られなくもないかな」と言《い》われるくらいの、ちょうどみなさんぐらいの容姿容貌《ようしようぼう》の人々《ひとびと》はそれにふさわしく、まあまあ可《か》もなく不可《ふか》もなくという無事平穏《ぶじへいおん》な人生《じんせい》を送《おく》ることが出来《でき》るのです。美人《びじん》をうらやましがる必要《ひつよう》は少《すこ》しもありません。貴方《あなた》くらいの器量《きりょう》の人《ひと》がちょうどよいのです。よかったですね。大《おお》いに安心《あんしん》して下《くだ》さい。

女優《じょゆう》たちの〈正《せい》〉と〈負《ふ》〉

ハリウッドの女優《じょゆう》だった、グレース・ケリーは、裕福《ゆうふく》な家庭《かてい》に育《そだ》ち、美貌《びぼう》で才《さい》媛《えん》、アカデミー賞《しょう》を受賞《じゅしょう》して、それからモナコの王妃《おうひ》になりました。〈正《せい》〉だらけです。でもそういいことばかりがあるものではありません、子供《こども》たちはスキャンダルだらけ、心配事《しんぱいごと》はひっきりなし、あげくの果《は》ては事故《じこ》で悲惨《ひさん》な死《し》に方《かた》をしました。しかも、暗殺《あんさつ》だとか他殺《たさつ》だとかいろんなことを言《い》われて。

グレタ・ガルボの場合《ばあい》は自分《じぶん》から〈負《ふ》〉を作《つく》り、その〈負《ふ》〉を受《う》け入《い》れて生《い》きていった、稀有《けう》な存在《そんざい》です。大根役者《だいこんやくしゃ》ではありましたが、大女優《だいじょゆう》の名《な》をほしいままにしました。今《いま》の若《わか》い人《ひと》たちはご存知《ぞんじ》ないかも知《し》れませんが、「ガルボの前《まえ》にガルボなし、ガルボの後《あと》にガルボなし」と言《い》われたほどの美貌《びぼう》だったのです。彼女《かのじょ》はレスビアンであったとも噂《うわさ》され、また、ある盛《さか》りを頂点《ちょうてん》として、自分《じぶん》からさっさと引退《いんたい》していったのです。そういう〈負《ふ》〉の作《つく》りかたもあるのです。

原節子《はらせつこ》さんの場合《ばあい》と似《に》ています。同《おな》じように絶世《ぜっせい》の美女《びじょ》ですが、自分《じぶん》でさっと引退《いんたい》という幕《まく》を降《お》ろし、〈負《ふ》〉を選《えら》んで、それで〈プラス・マイナス・ゼロ〉にしてしまったのでしょう。その後《あと》は隠者《いんじゃ》のように遁世《とんせい》して暮《く》らしていらっしゃいます。

フランスの女優《じょゆう》、サラ・ベルナールは、後世《こうせい》に永遠《えいえん》に語《かた》り継《つ》がれる大女優《だいじょゆう》として歴史《れきし》に名《な》を残《のこ》しています。しかし晩年《ばんねん》は、片足切断《かたあしせつだん》の手術《しゅじゅつ》を受《う》け、自分《じぶん》で選《えら》んだとはいえ、サーカスの見世物《みせもの》として出演《しゅつえん》するなど、ひどいものでした。アメリカへ渡《わた》り大成功《だいせいこう》をおさめて、フランスに帰《かえ》ってきたら、世間《せけん》から袋叩《ふくろだた》きの目《め》に遇《あ》うなど、戦《たたか》いの一生《いっしょう》でした。〈正《せい》〉と〈負《ふ》〉を行《い》ったり来《き》たりだったのです。

エリザベス・テーラーはアカデミー賞《しょう》も受賞《じゅしょう》し、世界一《せかいいち》と言《い》われた美貌《びぼう》の持《も》ち主《ぬし》でしたが、富《とみ》と名声《めいせい》に恵《めぐ》まれ、子供《こども》たちもいて、何《なに》が〈負《ふ》〉かと言《い》うと、ここぞというときに必《かなら》ず大病《たいびょう》をするのです。それも大手術《だいしゅじゅつ》を伴《ともな》うような命《いのち》がけの大《たい》病《びょう》ばかり。しかも八回《かい》も結婚《けっこん》と離婚《りこん》を繰《く》り返《かえ》し、一生《いっしょう》、男性《だんせい》の愛情《あいじょう》による平穏《へいおん》が得《え》られなかったのです。

永遠《えいえん》の魅力《みりょく》と引《ひ》き換《か》えに

マリリン・モンローは死《し》んでからもう何十年《なんじゅうねん》になるのに、いまだにグラマラスで魅力的《みりょくてき》な女《おんな》の代表《だいひょう》と言《い》われています。けれど、長生《ながい》きをしていたら、そうはいかなかったと思《おも》います。不幸《ふこう》な出生《しゅっせい》をし、生存中《せいぞんちゅう》は劣等感《れっとうかん》と不安《ふあん》で薬漬《くすりづ》け、次《つぎ》から次《つぎ》と夫《おっと》を替《か》え、あげくの果《は》ては大統領《だいとうりょう》までを巻《ま》き込《こ》んだスキャンダル。そして悲惨極《ひさんきわ》まる謎《なぞ》の死《し》。そういった〈負《ふ》〉を支払《しはら》って彼女《かのじょ》は死後永遠《しごえいえん》のアイドルとしての〈正《せい》〉の名声《めいせい》を残《のこ》しているのです。

ダイアナ妃《ひ》とエリザベート王妃《おうひ》

オーストリアのエリザベート王妃《おうひ》は、何《なに》から何《なに》までイギリスのダイアナ妃《ひ》と似《に》ています。ダイアナはスペンサー家《け》という伯爵家《はくしゃくけ》に生《う》まれ、エリザベートも皇帝《こうてい》とつながりのある家《いえ》に生《う》まれている。それが望《のぞ》まれて王妃《おうひ》になった。ふたりとも美貌《びぼう》で、スタイルもよく、またファッショナブルなことでも有名《ゆうめい》でした。エリザベートは世界中《せかいじゅう》を旅《たび》する流浪《るろう》の王妃《おうひ》。ダイアナも世界中《せかいじゅう》を訪問《ほうもん》して旅行《りょこう》していました。

エリザベートは皇太后《こうたいごう》と不仲《ふなか》と言《い》われていました。ダイアナもそうです。エリザベートは宮廷《きゅうてい》の陰謀《いんぼう》に巻《ま》き込《こ》まれ、王室派《おうしつは》にずいぶんと意地悪《いじわる》をされていました。それが、彼女《かのじょ》の〈負《ふ》〉であったわけです。しかし、エリザベートは夫《おっと》に愛《あい》されていました。〈正《せい》〉の比重《ひじゅう》が多《おお》かったのです。ですから愛息《あいそく》に死《し》なれ、やがて自分《じぶん》も旅先《たびさき》で暗殺《あんさつ》されました。

ダイアナは冷《つめ》たい夫《おっと》と離婚《りこん》をし、富《とみ》や名声《めいせい》、地位《ちい》までもそのままだった。離婚《りこん》が成立《せいりつ》して、姑《しゅうと》や夫《おっと》にいじめられることもなくなり、最愛《さいあい》の恋人《こいびと》と大恋愛《だいれんあい》をした。もう何《なに》もかも全部《ぜんぶ》手《て》に入《い》れてしまったのです。欠《か》けるものが何《なに》もなくなってしまった。そうなると、この世《よ》の法則《ほうそく》、地球《ちきゅう》の法則《ほうそく》に合《あ》わないためにあの大事故《だいじこ》で無《む》惨《ざん》に消《き》えてしまいました。エリザベートと同《おな》じです。

ダイアナ妃《ひ》が亡《な》くなったのは八月《がっ》三十一日《にち》。エリザベートが亡《な》くなったのは九月《がっ》十日《か》。命日《めいにち》も近《ちか》いこの二人《ふたり》はまるで生《う》まれ変《か》わりのようです。

それぞれに〈負《ふ》〉を抱《かか》えて

文学《ぶんがく》、美術《びじゅつ》、映画《えいが》など様々《さまざま》なジャンルにおいてジャン・コクトーは名声《めいせい》も得《え》たし、あれだけのすばらしい作品《さくひん》を残《のこ》して大変《たいへん》な天才《てんさい》でありましたが、ホモ・セクシャルで、男《おとこ》の人《ひと》に裏切《うらぎ》られたり、いろいろなことがあって、ずっと孤独《こどく》といえば孤独《こどく》でした。そしてコクトー自身《じしん》もハンサムではなかった、肉体的《にくたいてき》に美形《びけい》とはいえないわけですし、そんなモテる方《ほう》ではなかったのです。ですから、公的《こうてき》には〈正《せい》〉ばかりでも、私生活《しせいかつ》の面《めん》で〈負《ふ》〉を払《はら》っていたのです。

フレッド・アステアはタップダンサー、モダンダンサーとしては世界一《せかいいち》でしょう。あれだけの踊《おど》り手《て》はもう出《で》て来《き》ません。ただ彼《かれ》は美《うつく》しい男《おとこ》ではなかった。二《に》枚目《まいめ》の役《やく》もやっていたけれど、シリアスなものはいっさいダメでした。ミュージカルや喜劇《きげき》には出演《しゅつえん》できたけれども、シリアスな、芸術的《げいじゅってき》な一流《いちりゅう》作品《さくひん》には出《しゅつ》演《えん》できませんでした。そして、彼《かれ》の何《なに》よりの〈負《ふ》〉はものすごいばかりの練習《れんしゅう》量《りょう》だったのです。かの〈日本《にほん》の誉《ほま》れ〉イチローさんも同《おな》じと聞《き》いています。才能《さいのう》だけでなく、その努力《どりょく》たるやハンパなものではないそうです。

一九三〇年代《ねんだい》にアメリカのセックス・シンボルだった、メイ・ウエストという女優《じょゆう》は、すごいオデブさんで仮《かり》にも美人《びじん》とは言《い》えないのですが、いつもボディビルダーのようないい男《おとこ》がいて、いつまでも若《わか》さを保《たも》っていました。自分《じぶん》で脚本《きゃくほん》を書《か》き主演《しゅえん》するなどの才能《さいのう》がありましたが、アカデミー賞《しょう》などには無縁《むえん》で、一《いち》流《りゅう》の芸術《げいじゅつ》映画《えいが》にも出演《しゅつえん》はしていません。

芸術家《げいじゅつか》の宿命《しゅくめい》

学校《がっこう》の教室《きょうしつ》は世間《せけん》の縮図《しゅくず》であるといわれています。

世間《せけん》は、もののわかる人《ひと》が一割《いちわり》、全《まった》くわからない人《ひと》が一割《いちわり》、残《のこ》りの八割《はちわり》はバカで出来《でき》ている、とある諺《ことわざ》によって昔《むかし》からいわれています。

そういう世間《せけん》を相手《あいて》にして、芸術家《げいじゅつか》たちは格調《かくちょう》の高《たか》い、芸術的《げいじゅってき》に価値《かち》のあるものを残《のこ》せる代《か》わりに、生《い》きている間《あいだ》はマイナーであり続《つづ》けなければならないのでしょう。

モーツァルト、ベートーベン、ゴッホ

モーツァルトやベートーベン、ゴッホなどは、この典型《てんけい》のような人物《じんぶつ》です。

モーツァルトはお墓《はか》もどこにあるのかわからないくらいです。共同墓地《きょうどうぼち》に放《ほう》

り込《こ》まれたらしいのです。これは〈負《ふ》〉の先払《さきばら》いと言《い》えます。ひどい女房《にょうぼう》をもち、いつも枢機卿《すうきけい》や大司教《だいしきょう》のお偉《えら》いさまの庇護《ひご》の下《もと》にあったとはいえ、お金《かね》がなく、いつも貧乏《びんぼう》していたのです。

ベートーベンは存命中《ぞんめいちゅう》、作曲家《さっきょくか》としての地位《ちい》を築《きず》くことができましたが、美《び》男《なん》ではありませんでしたし、本当《ほんとう》に愛《あい》した女性《じょせい》との恋愛《れんあい》には破《やぶ》れ続《つづ》け、また、音《おん》楽家《がくか》としては致命的《ちめいてき》な耳《みみ》の疾患《しっかん》をはじめ、さまざまな病気《びょうき》に襲《おそ》われて、晩年《ばんねん》は自《じ》分自身《ぶんじしん》の書《か》いた数々《かずかず》の名曲《めいきょく》を聴《き》くことさえできなくなってしまったのです。

失意《しつい》と錯乱《さくらん》、報《むく》われぬ恋《こい》と困窮《こんきゅう》の中《なか》をさまよったゴッホは、世間《せけん》からの評価《ひょうか》を受《う》ける前《まえ》に死《し》んでしまいました。

しかし〈負《ふ》〉の先払《さきばら》いで、死《し》んだ後《あと》、残《のこ》された作品《さくひん》に対《たい》する名声《めいせい》は上《あ》がる一方《いっぽう》です。これは、聖者《せいじゃ》たちと似《に》ています。

聖者《せいじゃ》たち

釈迦《しゃか》は王子《おうじ》という最高《さいこう》の地位《ちい》にいて、権力《けんりょく》も持《も》っていて富《とみ》にも恵《めぐ》まれ、すてきないい奥《おく》さんをもらって子供《こども》もできて、何《なに》もかも〈正《せい》〉であったものをみずから望《のぞ》んで全部《ぜんぶ》捨《す》て去《さ》り、裸《はだか》の身《み》一《ひと》つで野山《のやま》に暮《く》らし〈負《ふ》〉に変《か》えたわけです。みずから望《のぞ》んで全部《ぜんぶ》〈負《ふ》〉だらけにしたという人《ひと》は釈迦《しゃか》ぐらいしかいないのではないでしょうか。

キリストの場合《ばあい》は、生《う》まれながらにしてユダヤ民族《みんぞく》、流浪《るろう》の民《たみ》ですから、ローマ帝国《ていこく》に追《お》われていました。当時《とうじ》ローマはメジャーでユダヤ民族《みんぞく》はマイナーだった。そこに生《う》まれてから死《し》ぬまでひどい目《め》に遇《あ》い続《つづ》けた。生《い》きている間《あいだ》中《じゅう》ずっと〈負《ふ》〉であったわけです。

しかし、現象的《げんしょうてき》に〈負《ふ》〉ではあったけれど、心《こころ》の中《なか》は常《つね》に〈正《せい》〉だったわけです。それが偉人《いじん》というものなのです。普通《ふつう》、生活面《せいかつめん》や仕事面《しごとめん》、愛情面《あいじょうめん》、すべてが〈負《ふ》〉だらけだったら、心《こころ》までマイナーになって〈負《ふ》〉の世界《せかい》に引《ひ》きずられるはずなのに、ずっと精神的《せいしんてき》に〈正《せい》〉を保《たも》ち続《つづ》けたということ、これは偉大《いだい》なことです。

生《い》きている間《あいだ》に現象面《げんしょうめん》での〈負《ふ》〉を払《はら》い続《つづ》けてきたかわりに、死《し》んでからもう何千年《なんぜんねん》も経《た》つというのに、何十億《なんじゅうおく》という人《ひと》に敬《うやま》われ慕《した》われ、崇《あが》められるという、〈正《せい》〉に変《か》わったわけです。日蓮《にちれん》もそうです。生《い》きている間《あいだ》に〈負《ふ》〉を払《はら》い続《つづ》けた人《ひと》というのは〈負《ふ》〉の先払《さきばら》いなのです。

夭折《ようせつ》の天才《てんさい》たち

また、若《わか》くして名声《めいせい》を得《え》た天才芸術家《てんさいげいじゅつか》たちは、早《はや》く死《し》んでしまいます。シューベルト、フレデリック・ショパンなどです。

アルチュール・ランボーも若《わか》くして筆《ふで》を折《お》り、後《のち》に貿易商《ぼうえきしょう》になったりしましたが、十代《じゅうだい》の若《わか》さであれだけの詩《し》を書《か》き、名声《めいせい》を残《のこ》してしまったら、残《のこ》りの人生《じんせい》はさぞ大変《たいへん》だっただろうと思《おも》います。その後《あと》はもぬけの殻《から》ですから。

二十八歳《さい》、成功《せいこう》のさなかにスペイン風邪《かぜ》で世《よ》を去《さ》った画家《がか》、エゴン・シーレなどもそうでしょう。

美《うつく》しい男女《だんじょ》は若死《わかじ》に

三本《さんぼん》の名画《めいが》を残《のこ》して世《よ》を去《さ》ったジェームス・ディーンは、日本《にほん》の赤木圭一郎《あかぎけいいちろう》と同《おな》じです。才能《さいのう》と美貌《びぼう》に恵《めぐ》まれたら長生《ながい》きはできないという、《正負《せいふ》の法則《ほうそく》》にピッタリとあてはまります。三十六歳《さい》の若《わか》さで亡《な》くなった、ジェラール・フィリップもそうです。文学者《ぶんがくしゃ》のレーモン・ラディゲも、天才画家《てんさいがか》で美貌《びぼう》のモディリアーニもそうです。

美《うつく》しくてスタイルがよくて、心《こころ》がやさしくて、才能《さいのう》があって、それで愛情《あいじょう》に恵《めぐ》まれている。そういう〈正《せい》〉ばかりの人《ひと》は必《かなら》ず悲惨《ひさん》な〈負《ふ》〉の死《し》に方《かた》をします。〈若死《わかじ》に〉です。

盈《み》つれば虧《か》くる

『源氏物語《げんじものがたり》』を書《か》いた紫式部《むらさきしきぶ》も、あれだけの名声《めいせい》を得《え》てはいるけれど、すまじきものは宮仕《みやづか》えで、いろんなイヤな思《おも》いをしたのを全部押《ぜんぶお》し殺《ころ》して生《い》きたのでしょう。死《し》ぬときも、人々《ひとびと》に惜《お》しまれながら、というわけじゃないのですから。どこでどうなったのかわからないのです。

出雲《いずも》の阿国《おくに》は歌舞伎《かぶき》の創始者《そうししゃ》ということで歴史《れきし》に名《な》を残《のこ》しましたが、結局《けっきょく》どこでどう死《し》んだのかもわかっていません。お墓《はか》さえどこにあるのかわからないのです。それは小野小町《おののこまち》と同《おな》じです。〝盈《み》つれば虧《か》くる〟ということわざ通《どお》りです。完全《かんぜん》な状態《じょうたい》がおとずれると、やがて衰《おとろ》えたり問題《もんだい》が起《お》きたりするということなのです。

川端康成《かわばたやすなり》さんや、三島由紀夫《みしまゆきお》さんも、文壇《ぶんだん》の頂点《ちょうてん》にまで登《のぼ》りつめたけれど、結局自殺《けっきょくじさつ》という亡《な》くなりかたをされてしまいました。

江戸川乱歩《えどがわらんぽ》の偉業《いぎょう》

江戸川乱歩《えどがわらんぽ》さんという方《かた》は、とても凄《すご》い審美眼《しんびがん》がありながら、自分《じぶん》の顔《かお》を鏡《かがみ》に映《うつ》したときに、それが許《ゆる》せなかったわけです。審美眼《しんびがん》が高《たか》くない人《ひと》であれば、まあまあのところで自分《じぶん》に対《たい》して妥協《だきょう》という形《かたち》で許《ゆる》せるけれども、審美眼《しんびがん》が高《たか》ければ高《たか》い人《ひと》ほど、その人《ひと》は鏡《かがみ》を見《み》たときに許《ゆる》せないものがそこに映《うつ》っていて、しかもそれが自分《じぶん》の顔《かお》で、それがまた、一生《いっしょう》ということになると……。三島《みしま》さんもまた、そうでした。

けれどもそのかわり、あり余《あま》る才能《さいのう》と名声《めいせい》と、作品《さくひん》を残《のこ》すということはできたわけです。江戸川《えどがわ》さんは探偵小説《たんていしょうせつ》というものをメジャーにもしましたし。

それまで探偵小説《たんていしょうせつ》はマイナーだったわけです。文学的《ぶんがくてき》にもいろんな意味《いみ》で一《いち》段低《だんひく》いとみなされていて、彼自身《かれじしん》も純文学《じゅんぶんがく》というものに憧《あこが》れて、そういう扱《あつか》いを受《う》けたかった。けれども探偵小説作家《たんていしょうせつさっか》は文壇《ぶんだん》では二流《にりゅう》として視《み》られていた。だから探偵小説作家《たんていしょうせつさっか》の協会《きょうかい》をつくって、文壇《ぶんだん》でとりあげられるようになって、一流《いちりゅう》と見《み》なされるまでにしたのです。その業績《ぎょうせき》は大変《たいへん》なものだと思《おも》います。江《え》戸川《どがわ》さんの発想《はっそう》だとか文章《ぶんしょう》はヘタな純文学《じゅんぶんがく》よりもロマンはあるし、格調《かくちょう》も高《たか》いと思《おも》います。『押絵《おしえ》と旅《たび》する男《おとこ》』などの短編《たんぺん》は特《とく》に素晴《すば》らしいと思《おも》います。

しかし生存中《せいぞんちゅう》、ご本人《ほんにん》のプライベートな心《こころ》の中《なか》にはずっと多《おお》くのさまざまな〈負《ふ》〉を抱《かか》えていらしたのです。

幸田文《こうだあや》さんのこと

幸田文《こうだあや》さん。あの方《かた》はお父《とう》さん、偉大《いだい》な文学者《ぶんがくしゃ》であった幸田露伴《こうだろはん》さんに物凄《ものすご》くしごかれて苦労《くろう》をなさっています。ちょっとおしゃれをすると、「おまえさんみたいな不器量《ぶきりょう》で不器用《ぶきよう》な娘《むすめ》には任《にん》じゃないよ」と、こともなげに言《い》われていたとご本人《ほんにん》からうかがいました。

そのかわり、あれだけの作品《さくひん》をものにして、また、着物《きもの》の江戸風《えどふう》な、いなせな着《き》こなしだとか、美《うつく》しい言葉遣《ことばづか》いや立居振舞《たちいふるま》いなど、いろんなものを手《て》に入《い》れて、ほんとうに〈いい女《おんな》〉を努力《どりょく》で手《て》に入《い》れた、という感《かん》じの方《かた》でした。

お父《とう》さんが次々《つぎつぎ》と繰《く》り出《だ》す〈負《ふ》〉の刃《やいば》を見事《みごと》に〈正《せい》〉に変《か》えてしまったのです。

第五章《だいごしょう》　登《のぼ》りつめたら下《くだ》るだけ

栄枯盛衰《えいこせいすい》は世《よ》の常《つね》、盛者必衰《じょうしゃひっすい》の理《ことわり》あり

さまざまな政治家《せいじか》の人生《じんせい》を考《かんが》えてみても、登《のぼ》りつめた人《ひと》というのは、結局《けっきょく》あとは下《くだ》るしかないということです。登《のぼ》りつめたところで死《し》ぬか、あとは下《くだ》って惨《みじ》めな思《おも》いをするかどちらかです。

さる政治家《せいじか》のように、大病《たいびょう》を患《わずら》って、目《め》の前《まえ》に裏切《うらぎ》り者《もの》がいても、それを怒《ど》鳴《な》りつけることもできず、悔《くや》し涙《なみだ》をボロボロ流《なが》すだけ、しかも自分《じぶん》の落魄《らくはく》の状《じょう》態《たい》を、口《くち》もきけず、体《からだ》も動《うご》かないのに頭《あたま》の中《なか》はしっかりしていて、それを自分《じぶん》で見続《みつづ》けなくてはならない。その苦《くる》しさは地獄《じごく》でしょう。

しかし、それが富《とみ》と権力《けんりょく》を意《い》のままにした者《もの》のツケなのです。

〝桐一葉《きりひとは》 落《お》ちて天下《てんか》の秋《あき》を知《し》る〟ということなのでしょう。

あまりにも残酷《ざんこく》な《正負《せいふ》の法則《ほうそく》》です。

ところがつい最近《さいきん》も、そういう先輩《せんぱい》たちの人生《じんせい》を〈教訓《きょうくん》〉として、また〈歴《れき》史《し》に学《まな》ぶ〉という、学習能力《がくしゅうのうりょく》もなく、果《は》てしもなく傲慢不遜《ごうまんふそん》、強欲《ごうよく》に〈権力《けんりょく》欲《よく》の塊《かたまり》〉となってエラそうにふんぞり返《かえ》り、税金《ぜいきん》を私物化《しぶつか》してバラ撒《ま》いたと言《い》われ、スキャンダルになった代議士《だいぎし》がいましたが、それが真実《しんじつ》だとすれば、これはもう話《はなし》にも何《なん》にもなりません。そんなバカを選《えら》んだ選挙民《せんきょみん》もまた、住民《じゅうみん》エゴのバカタレということにもなりはしないでしょうか。

己《おのれ》の器《うつわ》も知《し》らず、権力《けんりょく》を手《て》にした連中《れんちゅう》の末路《まつろ》は、みんな悲惨《ひさん》であったことをよくよく肝《きも》に銘《めい》じるべきなのです。

ジュリアス・シーザーの頃《ころ》から

人生《じんせい》は常《つね》に〈二番手《にばんて》、三番手《さんばんて》〉で走《はし》っている方《ほう》が得策《とくさく》で、平穏無事《へいおんぶじ》でいられるのです。

これはジュリアス・シーザーの昔《むかし》からそうです。
シーザーは出世《しゅっせ》も腹八分《はらはちぶ》にしておいて、皇帝《こうてい》になろうとしなければ、まだよかったのに、天下《てんか》の美女《びじょ》クレオパトラをも手《て》に入《い》れ、かわいい子供《こども》もできて、しかもヨーロッパ随一《ずいいち》の皇帝《こうてい》になろうとして、名声《めいせい》も富《とみ》も欲《ほ》しいがままなんて、そうはいきません。結局《けっきょく》、ブルータスという最愛《さいあい》の子分《こぶん》にまで裏切《うらぎ》られ、刺《さ》されたあげく「ブルータス、おまえもか」と言《い》わなければならなくなる。幼《おさ》な子《ご》を残《のこ》したままで。そのときの無念《むねん》の腹《はら》の内《うち》は物凄《ものすご》いものがあったはずです。

それだけの大《おお》きなツケが来《き》たということです。年《とし》をとって、無事《ぶじ》にそのまま安《やす》らかに眠《ねむ》れるかと思《おも》うと、そうはいかない。本当《ほんとう》に腸《はらわた》をえぐられるような思《おも》いで死《し》ななければいけないくらいのツケがまわってきたということでしょう。

豊臣秀吉《とよとみひでよし》の場合《ばあい》

それは豊臣秀吉《とよとみひでよし》にも言《い》えることです。自分《じぶん》は北政所《きたのまんどころ》との間《あいだ》に子供《こども》がいなかった。だけども天下《てんか》の美女《びじょ》を手《て》に入《い》れた。富《とみ》も権力《けんりょく》も何《なに》もかも手《て》に入《い》れて、しかも淀君《よどぎみ》という絶世《ぜっせい》の美女《びじょ》まで手《て》に入《い》れてしまった。彼《かれ》の〈負《ふ》〉は何《なに》かといえば、生《う》まれが卑《いや》しい身分《みぶん》で器量《きりょう》が悪《わる》いということです。〈猿面冠者《さるめんかんじゃ》〉と言《い》われ、さんざん笑《わら》いものにされて、それだけ人一倍《ひといちばい》努力《どりょく》し苦労《くろう》もしたわけだけど、結局《けっきょく》みんな手《て》に入《い》れた。最後《さいご》の〈負《ふ》〉が、〈子供《こども》がいない〉ということだったわけですが、それも秀頼《ひでより》という子供《こども》ができてしまった。だから〈負《ふ》〉がなくなった。秀頼《ひでより》が命《いのち》と引《ひ》き換《か》えだったのです。

秀頼《ひでより》が生《う》まれると、もうかわいくてかわいくてしょうがない。目《め》の中《なか》に入《い》れても痛《いた》くないほどに。後継《あとつぎ》と定《さだ》めていた甥《おい》の秀次《ひでつぐ》まで殺《ころ》してしまった。それどころか自分《じぶん》の命《いのち》と引《ひ》き換《か》えにしてもいいくらいにかわいい子《こ》。見届《みとど》けてやりたいのに、その子《こ》を幼《おさな》いまま、強敵徳川《きょうてきとくがわ》の手《て》に託《たく》し、残《のこ》して自分《じぶん》は死《し》んでいかなければいけない。その思《おも》いの辛《つら》さ心配《しんぱい》ときたら大変《たいへん》なものでしょう。死《し》んでも死《し》にきれないほどに。

そして案《あん》の定《じょう》、その子《こ》も淀君《よどぎみ》も家康《いえやす》に殺《ころ》され、城《しろ》と共《とも》に焼《や》け落《お》ちてしまったのです。

徳川家康《とくがわいえやす》の場合《ばあい》

家康《いえやす》の場合《ばあい》は天海僧正《てんかいそうじょう》というのがついていたのがよかったのです。方位《ほうい》や気学《きがく》でいろんなことを決《き》めたりして、風水《ふうすい》をやっていたわけです。それでいくらか助《たす》かっているのです。

また、家康《いえやす》は若《わか》い頃《ころ》に〈負《ふ》〉の先払《さきばら》いをしています。信長《のぶなが》に命《めい》じられて自分《じぶん》の女房《にょうぼう》の築山殿《つきやまどの》や、子供《こども》の信康《のぶやす》も殺《ころ》して、しかも目《め》の中《なか》に入《い》れても痛《いた》くないほどにかわいがっていた千姫《せんひめ》も豊臣方《とよとみがた》にやっているわけです。ですから、人間《にんげん》としてのそういうものを、心《こころ》を鬼《おに》にして、全部犠牲《ぜんぶぎせい》にして〈負《ふ》〉を払《はら》っているのです。

織田信長《おだのぶなが》の場合《ばあい》

織田信長《おだのぶなが》も、彼《かれ》は神社仏閣《じんじゃぶっかく》を焼《や》いてまわったのですから。比叡山《ひえいざん》をはじめ、いろんなところを焼《や》き討《う》ちにして殺《ころ》しまくった。そのツケが来《き》たのです。神社仏閣《じんじゃぶっかく》を焼《や》いたということは、自分《じぶん》も火《ひ》だるまになって本能寺《ほんのうじ》で死《し》ななければならなくなるのです。因果応報《いんがおうほう》とも言《い》うけれど、まさに《正負《せいふ》の法則《ほうそく》》です。

だから、いくら天下人《てんかびと》といえどもツケは払《はら》わなければいけないということです。

〈腹六分《はらろくぶ》〉の人生《じんせい》

木曽義仲《きそよしなか》なども、自分《じぶん》の器《うつわ》を計算《けいさん》することなく、天下《てんか》を取《と》ろうとしたことのツケでしょう。憤死《ふんし》しているのですから。巴御前《ともえごぜん》という最愛《さいあい》の人《ひと》がいたのだから、

天下《てんか》なんぞ狙《ねら》わないで、木曽《きそ》の方《ほう》でひっそりと腹六分《はらろくぶ》にして生《い》きていれば幸《しあわ》せだったのです。

真田幸村《さなだゆきむら》も権力《けんりょく》と頭脳《ずのう》を両方《りょうほう》持《も》ってしまったために長生《ながい》きできなかった。

結局《けっきょく》は〈腹六分《はらろくぶ》〉の人生《じんせい》が一番《いちばん》幸《しあわ》せ、ということなのです。

どんな人生《じんせい》にも〈負《ふ》〉はある

西太后《せいたいこう》は残虐《ざんぎゃく》な女帝《じょてい》として知《し》られていますが、結構長《けっこうなが》生《い》きをしています。しかし一生《いっしょう》命《いのち》を狙《ねら》われて孤独《こどく》だったのです。誰一人《だれひとり》愛《あい》してくれる人《ひと》もなく、気《き》が狂《くる》いそうな不安《ふあん》と孤独《こどく》のままだったのです。それを克服《こくふく》して生《い》きたというのは、すごい、恐《おそ》ろしい根性《こんじょう》だと思《おも》います。生《い》きている間《あいだ》、権力《けんりょく》は手《て》にしたものの、死《し》んでから後《あと》はサディストの変質者《へんしつしゃ》で、冷酷《れいこく》な悪女《あくじょ》の代表《だいひょう》として、永久《えいきゅう》に世界《せかい》中《じゅう》に不名誉《ふめいよ》を残《のこ》すことになったのです。

栄華《えいが》を誇《ほこ》って遊《あそ》んでばかりいたマリー・アントワネットは、結局断頭台《けっきょくだんとうだい》で首《くび》をはねられました。

平家《へいけ》と源氏《げんじ》

清盛《きよもり》の平家一門《へいけいちもん》も、〝奢《おご》る平家《へいけ》は久《ひさ》しからず〟で、結局《けっきょく》〈負《ふ》〉を支払《しはら》うことになりました。〝平家《へいけ》にあらずんば人《ひと》にあらず〟というところまで登《のぼ》りつめたけれど、あそこまで行《い》かないでほどほどにしておけばよかったのです。清盛《きよもり》は自分《じぶん》の娘《むすめ》も息子《むすこ》も孫《まご》も宮廷《きゅうてい》に送《おく》り込《こ》み、とにかく天下《てんか》を取《と》ろうとしたわけです。それを〈欲張《よくば》り〉というのです。だから死《し》ぬときは苦《くる》しんで、高熱《こうねつ》を出《だ》して大変《たいへん》な死《し》に方《かた》をしたらしいけれど、そのツケを一家一門全員《いっかいちもんぜんいん》が〈壇《だん》ノ浦《うら》の戦《たたか》い〉で払《はら》わなくてはならなくなったのです。平家《へいけ》は全滅《ぜんめつ》ですから。

その平家《へいけ》を滅《ほろ》ぼした、源氏《げんじ》の源《みなもとの》頼朝《よりとも》も、若《わか》いうちはずっと平家一門《へいけいちもん》に狙《ねら》われていて、命《いのち》も危《あぶ》ないような状態《じょうたい》で〈負《ふ》〉を払《はら》っていたから、鎌倉幕府《かまくらばくふ》まで手《て》に入《い》れることができたのです。そのかわり弟《おとうと》の義経《よしつね》は殺《ころ》させるわ、弟《おとうと》を殺《ころ》させた藤《ふじ》原《わらの》泰衡《やすひら》まで殺《ころ》すわ、身内《みうち》の争《あらそ》いを繰《く》り返《かえ》していた。しかも北条政子《ほうじょうまさこ》という最大《さいだい》の〈負《ふ》〉を背負《せお》い込《こ》んでいたのです。

北条政子《ほうじょうまさこ》にしても、あれだけの権力《けんりょく》を手《て》にはした。だけど、自分《じぶん》の子供《こども》は殺《ころ》さなければならない。そして末代《まつだい》まで嫌《いや》な悪男悪女《あくなんあくにょ》の夫婦《ふうふ》として名《な》を残《のこ》すことになったのです。そういう〈負《ふ》〉は払《はら》わなければならないということでしょう。

〈負《ふ》〉の支払《しはら》いを拒《こば》んだ千利休《せんのりきゅう》

千利休《せんのりきゅう》の死《し》に方《かた》もそうです。豊臣秀吉《とよとみひでよし》の絢爛豪華《けんらんごうか》な桃山《ももやま》の成金趣味《なりきんしゅみ》を、それはそれとして認《みと》める雅量《がりょう》があれば切腹《せっぷく》しないですんだのです。自分《じぶん》の〈わび・さび〉の美《うつく》しさだけがこの世《よ》で一番美《いちばんうつく》しいのであって、キンキラキンの美《うつく》しさなんて冗談《じょうだん》じゃないと、結局《けっきょく》それが〈正《せい》〉であるというふうに突《つ》っ張《ぱ》ってしまった。それを一歩《いっぽ》引《ひ》いて「そういうやり方《かた》もあるけれども、私《わたし》には私《わたし》のやり方《かた》がある」というふうに受《う》け入《い》れる〈負《ふ》〉の部分《ぶぶん》を持《も》てればよかったのです。

自分《じぶん》の趣味《しゅみ》ではないから我慢《がまん》はいるけれど、それが〈負《ふ》〉なのです。けれどもそれを受《う》け入《い》れようとしなかった。ただの喫茶店《きっさてん》の親父《おやじ》に過《す》ぎなかったのに、思《おも》い上《あ》がって自分《じぶん》の価値《かち》を過大評価《かだいひょうか》してしまったのです。だから切腹《せっぷく》を命《めい》じられた。〈負《ふ》〉を命《めい》じられたのです。

ですから、自分《じぶん》が精神的《せいしんてき》に〈正《せい》〉だけで突《つ》っ張《ぱ》ったつもりでいると、それだけの〈負《ふ》〉を払《はら》わされてしまうということなのです。それが命《いのち》と引《ひ》き換《か》えだった。あれは美意識《びいしき》の戦《たたか》いでもあったのです。

生《い》きたいように生《い》きたなら

坂本竜馬《さかもとりょうま》は早《はや》く咲《さ》いて、あれだけのことをやりたいようにやり、生《い》きたいように生《い》きていたわけです。今《いま》のサラリーマンのように考《かんが》え方《かた》も生《い》き方《かた》も何《なに》もかも封《ふう》じ込《こ》められて、手《て》も足《あし》もがんじがらめになって我慢我慢《がまんがまん》で生《い》きているんだったら、長生《ながい》きできるのです。〈負《ふ》〉を払《はら》い続《つづ》けているのですから。竜馬《りょうま》は、両手両《りょうてりょう》足伸《あしの》ばし放題《ほうだい》で、自分《じぶん》のやりたいことをやり、生《い》きたいように生《い》きたんだから、それは長生《ながい》きできません。

竜馬《りょうま》と似《に》ている人物《じんぶつ》に、革命家《かくめいか》チェ・ゲバラがいます。

情熱《じょうねつ》の赴《おもむ》くまま生《い》きた詩人《しじん》、中原中也《なかはらちゅうや》も生《い》きたいように生《い》き、早《はや》く散《ち》っていった一人《ひとり》です。

究極《きゅうきょく》の性愛《せいあい》のツケ

阿部定《あべさだ》さんは、自分《じぶん》の好《す》きになった男《おとこ》を妻《つま》から奪《うば》い、逃避行《とうひこう》のあげくその男《おとこ》を殺《ころ》してしまった。その人《ひと》の〈男性《だんせい》のシンボル〉を切《き》り取《と》って、捕《つか》まるまで懐《ふところ》に入《い》れたままでした。いうなれば究極《きゅうきょく》の快楽快感《かいらくかいかん》の性愛《せいあい》をきわめたわけです。そうなるとそれに対《たい》する代償《だいしょう》を払《はら》わなければいけない。刑務所《けいむしょ》に入《はい》って、そのあとは事件《じけん》を売《う》り物《もの》にして生活《せいかつ》していたけれど、それも疲《つか》れてしまって女中《じょちゅう》さんに戻《もど》り、結局行方不明《けっきょくゆくえふめい》になってしまった。究極《きゅうきょく》の快楽《かいらく》、エクスタシー、セックスを手《て》に入《い》れたためにそういうふうになってしまったわけです。

〈負《ふ》〉の後払《あとばら》い

逆《ぎゃく》に〈負《ふ》〉の後払《あとばら》いを迫《せま》られる人《ひと》たちもいます。

スターリンなんて、当時《とうじ》は絶大《ぜつだい》な権力《けんりょく》を握《にぎ》っていたのに、今《いま》では銅像《どうぞう》はひっくり返《かえ》されて、ボロくそに言《い》われて、死《し》んでから〈負《ふ》〉を払《はら》い続《つづ》けているのです。生《い》きているうちに〈負《ふ》〉を払《はら》うのではなくて、死《し》んでから悪党《あくとう》として〈負《ふ》〉を払《はら》っているのです。

無惨《むざん》な死《し》に方《かた》をしたヒトラーやムッソリーニも石川五右衛門《いしかわごえもん》と同《おな》じなのです。若《わか》くして余《あま》りにも過分《かぶん》な〈正《せい》〉を手《て》に入《い》れると、後《あと》がこわいのです。〝行《い》きはよいよい、帰《かえ》りはこわい〟の童謡《どうよう》の通《とお》りです。

石油王《せきゆおう》ロックフェラー

ロックフェラーは一代《いちだい》であそこまで行《い》って、石油王《せきゆおう》になり汚《きたな》く稼《かせ》いで物凄《ものすご》い財《ざい》を得《え》た。そのかわり罵詈雑言《ばりぞうごん》を浴《あ》びせられて、世《よ》の中《なか》の人《ひと》から一切信用《いっさいしんよう》をなくして悪魔《あくま》のごとく言《い》われて、全身《ぜんしん》の毛《け》が全部抜《ぜんぶぬ》けたそうです。眉毛《まゆげ》から睫毛《まつげ》から髪《かみ》の毛《け》から全部《ぜんぶ》なくなってしまった。ふてぶてしいように見《み》えるけれども、孤独《こどく》で発狂《はっきょう》しそうだったのではないでしょうか。それは結局《けっきょく》〈正《せい》〉ばかり追《お》って、ためこむこと、〈足《た》し算《ざん》〉しか考《かんが》えてなかったということです。だから世間《せけん》からその〈正《せい》〉に匹敵《ひってき》する物凄《ものすご》い反撃《はんげき》をくらったのです。

ところが、その息子《むすこ》が母《はは》に似《に》た優《やさ》しい子《こ》で、慈善事業《じぜんじぎょう》をやり、労働者《ろうどうしゃ》の味方《みかた》になり、〈引《ひ》き算《ざん》〉を始《はじ》めたわけです。〈負《ふ》〉を始《はじ》めたのです。そうすると今度《こんど》は世《せ》間《けん》から信用《しんよう》と名声《めいせい》を得《え》られて、やっとちゃんとした財閥《ざいばつ》、ちゃんとした人間《にんげん》として扱《あつか》われるようになった。教会《きょうかい》に寄付《きふ》をしたり、ボランティアの社会事業《しゃかいじぎょう》に寄《き》付《ふ》をしたり、従業員《じゅうぎょういん》や社会《しゃかい》に利益《りえき》を還元《かんげん》したりしたのですから。

人生《じんせい》は〈足《た》し算《ざん》〉だけで渡《わた》ろうとしても、そうは問屋《とんや》が卸《おろ》してくれないのです。人生《じんせい》には〈引《ひ》き算《ざん》〉も〈掛《か》け算《ざん》〉も〈割《わ》り算《ざん》〉もあるのです。

〈足《た》し算《ざん》〉と〈引《ひ》き算《ざん》〉

つまり、世《よ》の中《なか》には何《なに》ごとにおいても〈足《た》し算《ざん》〉があって、〈引《ひ》き算《ざん》〉があるのです。日本《にほん》の金持《かねも》ちはみんな〈足《た》し算《ざん》〉と〈掛《か》け算《ざん》〉しか考《かんが》えていません。〈引《ひ》き算《ざん》〉や〈割《わ》り算《ざん》〉を考《かんが》えていない。

〈引《ひ》き算《ざん》〉を考《かんが》えて商売《しょうばい》をしておけば、バブルのときにひどい目《め》に遇《あ》って、打《だ》撃《げき》を受《う》けずにすんだのです。先手《せんて》を打《う》つ、〈社会《しゃかい》に還元《かんげん》する〉ということです。

ところが日本《にほん》の金持《かねも》ちがバカなのは、儲《もう》けるだけ儲《もう》けるのはいいけれど、〈引《ひ》き算《ざん》〉をしたら損《そん》をすると、みんな思《おも》っているのです。〈引《ひ》き算《ざん》〉も儲《もう》けのうちなのです。〝海老《えび》で鯛《たい》を釣《つ》る〟とか〝損《そん》して得《とく》しろ〟という言葉《ことば》が昔《むかし》からあります。それなのに、ちょっとしたことでも社会《しゃかい》に還元《かんげん》したり、人《ひと》にプレゼントしたりすると、大損《おおぞん》をすると思《おも》っているドケチが多《おお》いのです。結局後《けっきょくあと》で〈引《ひ》き算《ざん》〉

どころか〈割《わ》り算《ざん》〉がどおんと来《き》て、盛大《せいだい》に大損《おおぞん》をするのです。

『舌切《したき》りすずめ』

民話《みんわ》の『舌切《したき》りすずめ』と同《おな》じです。やさしいおじいさんは苦労《くろう》をして小《ちい》さなつづらを選《えら》び、宝物《たからもの》を手《て》に入《い》れます。意地悪《いじわる》なおばあさんは楽《らく》をした上《うえ》に大《おお》きなつづらを選《えら》んだために、ひどい目《め》に遇《あ》うのです。みなさんもう一度《いちど》『舌切《したき》りすずめ』を読《よ》むといいと思《おも》います。ところが一部《いちぶ》の人間《にんげん》が動物愛護《どうぶつあいご》に反《はん》するとか、すずめの舌《した》を切《き》るなんて残酷《ざんこく》だとか言《い》っていますが、ああいうちゃんとした童話《どうわ》も必要《ひつよう》です。『花咲《はなさか》じいさん』の話《はなし》もそうです。意地悪《いじわる》をしたらひどい目《め》に遇《あ》うなどの因果応報《いんがおうほう》の真理《しんり》です。子供《こども》たちにそういうことをわからせるお話《はなし》が必要《ひつよう》だと思《おも》います。

日本人《にほんじん》の金持《かねも》ちは欲張《よくば》りじいさんばっかり、大《おお》きいつづらを欲《ほ》しがるおばあさんと同《おな》じです。結局《けっきょく》、災厄《さいやく》を大《おお》きいつづらにいっぱい背負《せお》うことになるのを知《し》らないのです。小《ちい》さいつづらの中《なか》には儲《もう》かっていないように見《み》えながら、実《じっ》は幸《こう》運《うん》がいっぱい詰《つ》まっているのです。

一升瓶《いっしょうびん》には一升《いっしょう》しか入《はい》らない

バブルのときに、ものすごく儲《もう》かった会社《かいしゃ》が沢山《たくさん》ありました。これは〈正《せい》〉だらけで、「こんなに儲《もう》かっていいんだろうか」と言《い》っていたら、そうはいかない。「必《かなら》ず何《なに》か〈負《ふ》〉が来《く》るぞ」と言《い》っていたらバブルがはじけてしまい、それ以上《いじょう》に吐《は》き出《だ》さなくてはならなくなった。

では、どうしたらいいのか。

〈ほどほどに〉ということです。すべて世《よ》の中《なか》、腹六分《はらろくぶ》、せいぜい行《い》っても腹八《はらはち》分《ぶ》。分相応《ぶんそうおう》という言葉《ことば》もあるように、自分《じぶん》の器《うつわ》を知《し》ること。つまり、〝一升瓶《いっしょうびん》には、一升《いっしょう》しか入《はい》らない〟ということです。そんなに残《のこ》しても残《のこ》りの余《あま》った分《ぶん》はどうするのです。死《し》んであの世《よ》には持《も》っていけないのです。骨折《ほねお》り損《ぞん》のくたびれ儲《もう》けです。

一升瓶《いっしょうびん》に一升《いっしょう》のお酒《さけ》を入《い》れてしまうと、ちょっと動《うご》くだけでこぼれてしまう。どうしてもそうなるのです。初《はじ》めから八分目《はちぶんめ》から九分目《きゅうぶんめ》に入《い》れておけばこぼれずにすむ、無駄《むだ》にならないのです。

残《のこ》りの二分《にぶ》はどうすればよいでしょう。

人《ひと》に初《はじ》めからあげておけばいい。人《ひと》も喜《よろこ》ぶし、お酒《さけ》も無駄《むだ》になりません。

日本《にほん》はまだ大丈夫《だいじょうぶ》

不思議《ふしぎ》なことですが、人《ひと》と同《おな》じように、国家《こっか》もきわまれば後《あと》は滅《ほろ》んでゆくのです。イスパニア、大英帝国《だいえいていこく》、オランダ、ポルトガル、古代《こだい》ギリシャ……インカの昔《むかし》からなのです。メディチ家《け》もそうですし、マリー・アントワネットが嫁《よめ》に来《く》るまでのフランス王家《おうけ》も、マリア・テレジアのオーストリアもそうです。クライマックスを迎《むか》えたら、後《あと》は滅《ほろ》びに向《む》かうだけなのです。

その点《てん》、日本《にほん》はまだまだ三流国《さんりゅうこく》で未開発国《みかいはっこく》ですから、まだ大丈夫《だいじょうぶ》でしょう。住居《じゅうきょ》はウサギ小屋《ごや》と言《い》われても、ウサギ小屋《ごや》だからいいのです。みんなが本建築《ほんけんちく》の凄《すご》い家《いえ》に住《す》むようになったら、あとは滅《ほろ》びるだけですから。

劇場《げきじょう》なども、まだまだちゃちなものですし、衣服《いふく》もちゃんとしたカッティングで、ちゃんとした材質《ざいしつ》のものを着《き》るようになったのは本当《ほんとう》にほんの最近《さいきん》のことですから。教養《きょうよう》や知性《ちせい》や社会的《しゃかいてき》なマナーは全然《ぜんぜん》身《み》にもどこにもついていませんしね。

日本《にほん》が発展《はってん》して、本当《ほんとう》の意味《いみ》で一流国《いちりゅうこく》になるには、おそらくまだ百年《ひゃくねん》以上《いじょう》はかかるでしょう。ということは、とりもなおさず、あと百年《ひゃくねん》くらい日本《にほん》は大丈夫《だいじょうぶ》、発展《はってん》して行《い》ける可能性《かのうせい》がまだ残《のこ》されているということにもなるのです。

マイナス〈負《ふ》〉も、プラス〈正《せい》〉に変《か》えてゆくためのエネルギー資源《しげん》であるということに気《き》づいていただければ幸《さいわ》いです。

おわりに

いずれにせよ、人生《じんせい》は〝何《なに》かを得《え》れば何《なに》かを失《うしな》う。何《なに》かを失《うしな》えば何《なに》かを得《え》られる〟のです。その法則《ほうそく》に基《もと》づいて、身《み》のまわりに起《お》きた、立身出世《りっしんしゅっせ》から、金銭《きんせん》問題《もんだい》、恋愛《れんあい》、家族《かぞく》、健康《けんこう》、病死《びょうし》、現在《げんざい》の境遇等々《きょうぐうなどなど》を、よく考《かんが》え思《おも》いめぐらし、計算《けいさん》してみて下《くだ》さい。

どんな些細《ささい》なことでも、吉凶《きっきょう》の犠牲《ぎせい》があってこそ成立《せいりつ》しているのだということがお分《わ》かりいただけると思《おも》います。そうすれば〈人生《じんせい》の理不尽《りふじん》〉と思《おも》われる事《こと》共《ども》もすべて納得《なっとく》がいくはずです。

「なるほど、こんな不幸《ふこう》が来《き》たのは、あんな吉事《きちじ》があったからなのだ」

「こんな良《よ》いことがあるのは、あれほど悪《わる》いことがあったからなのだ」

「何《なに》かを失《うしな》えば何《なに》かを得《え》られるというのは、このことか」

と、自《おの》ずと明快《めいかい》な答《こた》えが出《で》てきます。

迷《まよ》いのないスッキリとした人生《じんせい》を送《おく》ることができるようになるはずです。

KON TARO

表紙画《ひょうしが》　田中比左良《たなかひさら》

本文挿画《ほんぶんそうが》　岩田専太郎《いわたせんたろう》（10、169、172）
小林秀恒《こばやしひでつね》（83、177）
田中比左良《たなかひさら》（1、2、5、13、20、26、41、65、74、75、94、97、107、113、132、145、159、160）
富田千秋《とみたちあき》（42、129、136）
富永謙太郎《とみながけんたろう》（27、47、53、68、89、119、121、127、137、161、163、188）
林《はやし》　唯一《ただいち》（140）

資料提供《しりょうていきょう》　根本圭助《ねもとけいすけ》（昭和《しょうわ》ロマン館《かん》）

美輪明宏プロフィール

　一九三五年、長崎市生まれ。国立音大付属高校中退。
十七歳でプロ歌手としてデビュー。一九五七年「メケメケ」、一九六六年「ヨイトマケの唄」が大ヒットとなる。一九六七年、演劇実験室「天井桟敷」旗揚げ公演に参加、『青森県のせむし男』に主演。以後、演劇・リサイタル・テレビ・ラジオ・講演活動などで幅広く活躍中。一九九七年『双頭の鷲』のエリザベート王妃役に対し、読売演劇大賞優秀賞を受賞。

主要作品
〈演劇〉…『毛皮のマリー』『黒蜥蜴』『椿姫』『愛の讃歌（エディット・ピアフ物語）』『葵上・卒塔婆小町（近代能楽集）』
〈ＣＤ〉…『美輪明宏全集』『〝愛〟を唄う』『美輪明宏全曲集』『日本の心を歌う』『昭和の名歌を唄う』『美輪明宏の世界』『ヨーロッパ・ヒットを唄う』『愛の贈り物』（キングレコード）『喝采／銀巴里ライヴ』（ビクターエンタテインメント）『白呪』（アンサンブル）
〈著書〉…『霊ナァンテコワクナイヨー』（ＰＡＲＣＯ出版）『愛の話　幸福の話』（集英社）『天声美語』（講談社）『人生ノート』（ＰＡＲＣＯ出版）『ほほえみの首飾り』『紫の履歴書』（水書坊）

ああ正負《せいふ》の法則《ほうそく》

発行日　二〇〇二年四月一〇日　第一刷
　　　　二〇一七年六月〇七日　第三一刷

著　者　美輪《みわ》明宏《あきひろ》

発行人　井上肇
編　集　藤本真佐夫
発行所　株式会社パルコ　エンタテインメント事業部
　　　　東京都渋谷区宇田川町十五ノ一
　　　　電話〇三・三四七七・五七五五
　　　　http://www.parco-publishing.jp/

印刷・製本　図書印刷株式会社

ISBN978-4-89194-645-6　C0095